KB150328

미래를 여는 옛 발명품

미래를 여는 옛 발명품

서울여자대학교 부속유치원 지음

(주)교 문 사

이 책의 순서

CONTENTS

Ⅲ. 교사를 위한 교육활동안

I

주제를
시작하며

I 주제를 시작하며

1. 주제 선정의 이유

전통 생활 속에서 발명된 옛 발명품들은 현대의 발명품에 비하여 구성이 단순하고 원리를 파악하기가 쉬우며, 발명을 위한 실험과정이 잘 드러나 있어 유아를 위한 교육 주제로 다루기에 적합하다.

옛 발명품들은 우리 조상들이 생활 속에서 발견한 것들로, 주변에서 구하기 쉬운 재료로 만들어져 있다. 예를 들면 옷감을 염색하기 위해 주변의 꽃과 나무, 열매, 황토, 채소 등의 자연물을 이용하였고, 생활에 필요한 많은 도구들을 나무나 짚을 꼬아 만들었으며, 경작을 위한 도구들뿐 아니라 주거를 위한 공간에도 자연을 이용하였다. 이러한 옛 발명품의 특징들은 문제의 해결방법을 주변에서 찾아보고 다양하게 주변 사물을 응용하는 창의적 사고력을 높일 뿐 아니라 자연과 친화하고자 하는 최근의 과학교육의 흐름에도 적합하다.

뿐만 아니라 우리의 옛 발명품을 통한 교육은 유아들이 직접 발명품을 조작해 볼 수 있는 특성들을 많이 포함하고 있기 때문에 유아 중심적인 활동 진행과 유아의 직접적인 체험을 가능하게 한다. 옛 발명품이 만들어지기까지의 과정이 우리의 조상들이 거쳤던 것과 같은 자발적인 탐구과정을 거칠 수 있는 형태로

제시될 수 있어 과학적 경험과 지식을 동시에 얻을 수 있도록 돕는다.

또한 옛 발명품은 우리의 조상들이 어떻게 살아왔는지를 보여 줄 수 있을 뿐 아니라 지금 우리의 일상생활과도 밀접하게 연결되어 있기 때문에 유아들이 쉽게 호기심을 느낄 수 있다.

이처럼 조상의 슬기와 지혜가 함께 어우려져 있는 옛 발명품을 유아들과 함께 다루어 보는 과정은 우리 생활의 일부가 된 옛 발명품에 담긴 역사적 · 사회적 가치뿐 아니라 과학적 원리를 쉽게 터득하게 하여 유아들에게 우리 문화에 대한 새로운 긍지를 갖게 할 것이다.

2. 주제의 주요 개념

① 우리나라에는 조상들이 남겨 놓은 소중한 옛 발명품이 많이 있다.

② 우리나라 조상들은 편리한 생활을 위해 집, 옷, 음식, 생활도구, 놀이들을 발명해 왔다.

③ 우리나라 조상들이 발명한 집, 옷, 음식, 생활도구, 놀이들은 독특하다.

④ 발명품은 날씨, 지역적 조건, 생활 모습 등에 영향을 받는다.

⑤ 옛 발명품은 많은 사람들의 실험과 관찰, 발견의 과정을 거치며 만들어졌다.

⑥ 옛 발명품 속에는 과학적 원리들이 적용되어 있다.

⑦ 옛 발명품을 통해 조상들의 생각과 삶의 모습을 알 수 있다.

⑧ 조상들이 만든 옛 발명품은 시대에 따라 변화한다.

⑨ 조상들이 만든 옛 발명품은 우리의 생활을 편리하게 한다.

⑩ 조상들의 옛 발명품을 소중히 여기고 이를 우리의 후손에게 물려 주어야 한다.

⑪ 우리가 오늘날 만든 발명품도 미래에는 옛 발명품이 된다.

3. 교육 내용

조 형

- 한국화 안료, 먹을 이용하여 발명품 그리기
- 점토를 이용하여 옛 발명품 표현하기
- 짚, 보릿대, 전통 수수깡으로 구성하기
- 닥종이, 닥나무, 펄프, 꽃잎, 나뭇잎 등으로 종이 만들기
- 우리가 제작한 종이와 다양한 종이로 구성하기, 염색하기(종이의 질감, 모양 등 이용하여 입체구성, 자연물 염색하기)
- 시간에 따른 나의 일과 기록하여 나만의 해시계 구성하기
- 우리가 생각하는 미래의 발명품 발명하여 구성하기

과 학

〈옛 발명품에 숨겨진 과학 원리 발견하기〉
- 관찰 : 옛 발명품의 모양, 크기, 소재 관찰하기
- 분류 : 옛 발명품을 재료, 사용장소, 만들어진 시기 등으로 분류하기
- 의사소통 : 발명품의 사용방법에 대해 생각해 보고 의사소통하기
- 측정 : 옛 발명품을 이용해 측정하기
  - 시간의 측정 : 해시계, 물시계를 이용하여 측정하고 기록하기
  - 부피의 측정 : 되, 홉, 말을 이용하여 측정하기
  - 길이의 측정 : 척 도구 이용하여 측정하기
  - 무게의 측정 : 약저울로 수평의 원리 이용하여 측정하기
- 예측 : 발명품의 사용방법에 대한 변화과정 예측해 보기, 현대로의 발전과정과 연결하여 생각해 보기
- 실험 : 옛 발명품의 발명과정 실험하기
  - 종이 만드는 과정 실험 : 종이 만드는 도구에 따른 실험, 종이 만드는 재료의 물질변화 등 실험하고 기록하기
  - 해시계, 물시계 만드는 과정 : 그림자의 변화과정, 물의 흐름, 물이 떨어지는 속도와 시간과의 관계 실험하기

〈미래의 발명품 발명하기〉
내가 만들고 싶은 발명품 계획하여 설계도 그리기, 재료 수집하기, 발명품 구성하기

음률 · 신체표현

- 노래 부르기 : 〈새로운 발견〉, 〈발명과 발견〉 노래 부르기
- 음악 감상 : 전통악기를 이용한 연주 음악 감상하기, 전통악기의 특징 알아보기
- 신체표현 : 옛 발명품의 특징을 신체로 표현하기, 전통장단에 맞춰 몸 움직이기

언 어

- 읽기 : 빛나는 우리 발명품, 장영실과 세종대왕 위인전, 유물 이야기
- 쓰기 : 옛 발명품 이름 쓰고 의미 알아보기, 우리의 발명품인 한글 쓰기, 우리 반 친구들의 발명품 사진 이용하여 책 만들기
- 듣기, 말하기 : 전래동화 듣기, 우리나라 옛 발명품의 중요성과 의미 말하기
- 동시 : 우리의 옛 발명품 동시 짓기
- 동화 : 장영실 이야기, 해를 그린 시계
- 이야기 꾸미기 : 여러 가지 옛 발명품과 옛날 집 모형을 이용한 이야기 꾸미기

이야기 나누기

- 옛 발명품에 대해 궁금한 생각 모으기(옛 발명품에 대해 알아보고 싶은 의문점 생각해 보기)
- 옛 발명품에 대해 궁금한 점의 가설 세우고 토의하기
- 옛 발명품이 우리에게 주는 도움 알아보기
- 옛 발명품이 없다는 상상을 하며 이야기 나누기
- 우리의 발명품이 미래의 발명품이 될 수 있음을 알고 내가 만들고 싶은 발명품 계획하기

미래를 여는 옛 발명품

수 · 조작

- 〈옛 발명품 모으기 게임〉(수)
- 〈우리의 옛 발명품을 찾아서 판 게임〉(수)
- 〈발명품은 달라져요〉(수)
- 〈손으로 사방치기〉(수)
- 〈태극을 잡아라〉(수)
- 〈우리의 옛 발명품 퍼즐〉(조작)
- 〈옛 발명품 바느질하기〉(조작)
- 〈옛 발명품 도미노게임〉(조작)

역할 · 쌓기 · 목공

- 역할 : 옛 발명품 과학관, 과학관의 의미 알아보기, 옛 발명품을 전하고 소개하는 방법 알고 실천하기, 나의 발명품을 전시하는 과학관 구성하기
- 쌓기 : 미래의 전통가옥 구성하기, 발명품으로서의 가옥의 가치를 알고 다양하게 구성하기
- 목공 : 나무로 구성하기, 구성물 제작을 위한 도면 그리기, 크기 · 부피 · 넓이 측정하여 구성하기(모빌, 동물 집 등)

4. 환경 구성

1) 쌓기 영역

구 분	내 용
구성 원리	쌓기 영역은 유아들이 옛 발명품을 통해 이해한 전통 생활 모습을 표현할 수 있도록 구성하였다. 전통 생활 모습이 가장 잘 표현되는 전통가옥을 구성할 수 있도록 나무 블록, 짚, 유아들이 제작한 기와를 함께 제공하여 활발한 구성활동이 이루어지도록 하였다.
활동 자료	• 전통 생활 모습 구성을 위한 여러 가지 블록(유니트, 천연 나무 블록, 나무 모형 등) • 유아들이 직접 제작한 전통가옥의 기와 모형, 옛 전통 발명품 모형 등
환경 구성	

2) 역할 영역

구 분	내 용
구성 원리	다양한 역할의 경험과 주제와 관련된 유아들의 이해를 돕기 위해 〈어린이 옛 발명품 과학관 놀이〉가 진행되었다. 다양한 발명품의 모형과 실물은 가정에서 협조를 받거나 인사동과 남대문에서 교사가 직접 구입한 것으로, 유아들이 쓰임과 사용방법을 쉽게 알 수 있는 것들로 구성하였다.
활동 자료	〈어린이 옛 발명품 과학관 놀이〉를 위한 소품들 : 여러 가지 옛 발명품 모형, 발명품 사진과 유아들의 설명을 기록한 안내판, 유아들이 직접 제작한 발명품, 역할 목걸이, 화폐 모형, 유아들이 제작한 입장권 등
환경 구성	

3) 언어 영역

구 분	내 용
구성 원리	유아들이 옛 발명품에 대해 찾아볼 수 있도록 다양한 서적을 비치하였으며, 특히 옛 발명품과 함께 전통문화에 대한 이해를 도울 수 있도록 디오라마를 준비하였다. 또한 유아들이 계획하여 실행한 '종이 아껴쓰기' 활동이 언어 영역을 중심으로 이루어져 관련 자료를 전시하고 종이 모으기 통을 마련해 두었다.
활동 자료	• 동화 : 《장영실 이야기》, 《에디슨 이야기》, 《발명은 어떻게 하게 될까?》, 《해를 그린 시계》 등 • 동시 : 〈우리의 옛 발명품〉 • 쓰기 자료 : 옛 발명품 책 만들기, 우리 반 친구들의 발명품 사진을 붙여서 구성할 수 있는 틀 • 듣기 · 말하기 : 여러 가지 옛 발명품 사진과 유아들이 그린 그림 이용하여 이야기 꾸미기, 옛 발명품 이용하여 동화 짓기 • 참고서적 : 여러 가지 옛 발명품 화보, 발명품 백과사전 등 • 유아들이 제작한 종이, 종이를 아껴 쓰기 위한 사용한 종이 모으기 통
환경 구성	

4) 수 · 조작 영역

구분	내용
구성 원리	수 · 조작 영역에서는 옛 발명품을 이용한 퍼즐, 빙고, 판 게임과 같이 다양한 방법을 이용한 교구를 제작하여 비치하였고 각자 발명품의 종류 알아보기, 발명품의 변화과정 이해하기, 발명품의 사용방법 익히기와 같은 목적을 가지고 교구를 제작하여 유아들의 사고 확장에 도움을 주고자 하였다.
활동 자료	• 알고 싶은 옛 발명품 그래프 • 수교구 : 〈옛 발명품 모으기 게임〉, 〈우리의 옛 발명품을 찾아서 판 게임〉, 〈발명품은 달라져요〉 • 조작교구 : 〈우리의 옛 발명품 퍼즐〉, 〈옛 발명품 바느질하기〉, 〈옛 발명품 도미노게임〉
환경 구성	  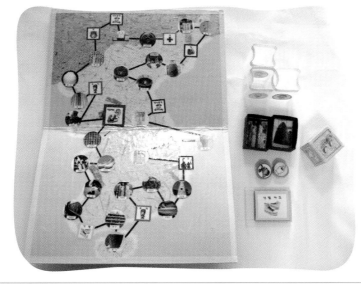

5) 과학 영역

구 분	내 용
구성 원리	과학 영역은 팀별 가설에 따라 다양한 실험활동들이 진행될 수 있도록 하였다. 교사가 계획하여 준비한 활동뿐 아니라 유아들 스스로 계획하고 진행하는 활동들이 균형을 이루도록 하였으며, 팀별 진행과정에 따라 과학활동이 자유롭게 이루어질 수 있도록 다양한 실험도구들과 실험을 기록할 수 있는 기록지를 항시 비치하여 두었다. 또한 좀 더 면밀한 관찰활동을 돕기 위해 실물화상기를 설치하였다.
활동 자료	• 알아보기로 한 옛 발명품 모형 : 해시계, 물시계, 기중기 등 • 관찰결과를 기록하는 관찰일지 • 전통 측정도구 : 되, 홉, 말, 약저울 등 • 종이 만들기 실험을 위한 재료 : 닥나무, 펄프 등 원재료와 꾸미기 재료 • 유아들이 제작한 해시계와 물시계 • 종이의 비교실험을 위한 다양한 종이 : 트레싱지, 한지, 도화지 등 • 스톱워치, 실물화상기 등
환경 구성	

6) 조형 영역

구 분	내 용
구성 원리	유아들이 다양한 재료를 손쉽게 사용하도록 하였으며 전통과 관련된 조형재료 (다양한 한지, 한국화 안료, 먹, 수수, 짚 등)들을 사용하고자 하였다. 유아들이 구성한 작품을 전시할 때 라이트테이블, 전등의 빛과 같이 좀 더 아름답게 전시 할 수 있는 다양한 방법들을 사용하였다.
활동 자료	• 여러 가지 종이, 그리기 도구 : 색연필, 크레파스, 물감, 사인펜, 붓펜 등 • 한국화 그리기 도구 : 한국화 안료, 아교, 한국화 붓, 작은 접시, 먹, 벼루, 연적 • 유아들이 만든 여러 가지 한지(두께나 재료가 다른 한지) • 전통 조형 재료 : 전통 수수깡, 닥나무, 펄프, 보릿대, 짚 등 • 팀별 표상작업을 위한 캔버스 • 종이 만들기 활동 자료 : 치자, 여러 가지 꽃잎, 펄프 등
환경 구성	

7) 벽면 구성

구 분	내 용
구성 원리	유아들이 옛 발명품에 대한 생각의 변화를 벽면의 전시 자료를 통해 이해하고 재반영할 수 있도록 하였으며, 친구들과의 생각의 공유가 벽면 전시 자료를 이용하여 이루어질 수 있도록 하였다.
활동 자료	• 옛 발명품의 표상그림 • 유아들이 옛 발명품에 대해 궁금해하는 의문점들 전시 • 팀별 활동의 결과물 전시 : 유아들의 사고 변화과정, 종이 탐색 결과물, 해시계와 물시계를 이용한 기록 작업 결과물, 다양한 활동 결과물과 사진 자료
환경 구성	

5. 가정과의 협력

교실에서 이루어지는 모든 주제는 가정과 지역사회의 협력이 효율적으로 이루어질 때 바람직하게 전개될 수 있다. 특히 '미래를 여는 옛 발명품'의 주제는 유아들이 평소에 직접적으로 접할 수 없는 소재를 다루고 있기 때문에 가정과의 협력이 중요하다.

가정과의 협력은 자료 모아오기, 부모와 함께 책 읽어 보기, 현장학습 함께 가기 등으로 이루어질 수 있다. 자료 모아오기는 옛 발명품과 관련된 그림엽서, 옛 발명품의 사진, 다양한 옛 발명품 등의 자료를 모아 가져오게 하는 것으로 교사가 혼자 자료를 모을 때보다 훨씬 다양한 자료를 수집할 수 있으므로 효과적이다.

부모와 함께 책 읽기는 옛 발명품에 관련된 책뿐 아니라 우리나라 전래동화나 동요 등을 찾아서 함께 감상해 봄으로써 우리나라 전통문화에 대한 전반적인 이해를 도울 수 있다. 또한 발명가와 관련된 여러 위인전은 유아들에게 발명의 개념 이해를 돕고 발명의 과정에 관심을 가지도록 할 수 있다.

현장학습은 다양한 옛 발명품을 직접 경험해 보도록 하는 것으로, 쉽게 접하지 못하는 옛 발명품을 감상하고 그 특징을 이해하도록 하는 데 도움을 준다. 특히 문화재로 지정된 옛 발명품은 사진이나 영상 자료로만 경험이 가능한데 유아들이 직접 체험할 수 있도록 구성된 '어린이박물관'은 유아들에게 좋은 현장학습의 장소가 된다.

이러한 가정과의 협력을 돕기 위한 예들은 다음과 같다.

1) 가정통신문의 예

깊은바다반 학부모님께

　안녕하세요! 아침저녁으로 쌀쌀해진 날씨가 가을을 재촉합니다. 환절기 건강에 유의하시기 바랍니다.

　이번 주 깊은바다반 유아들은 한지, 해시계, 물시계를 중심으로 옛 발명가들처럼 우리가 관심 있어 하는 발명품을 발명해 가는 과정을 경험해 보았습니다. 발명품을 제작하기 위해 관찰, 예측, 분류, 실험, 토의의 과정을 유아들과 함께 계획해 보고 실행해 봄으로써 발명품 하나가 완성되기까지의 다양한 과학적 원리들을 알아보았습니다.

　한지팀 유아들은 다양한 종이의 차이를 관찰하기를 통해 비교·분류해 보았으며 한지의 재료가 되는 닥나무를 이용하여 직접 종이를 만들어 보았습니다. 닥나무를 물에 불리고 절구에 빻고 껍질을 까는 과정들은 어렵고 힘든 과정이었지만 종이를 만들 수 있다는 성취감에 유아들은 흥미를 가지고 참여하였습니다. 또한 처음에는 딱딱한 나무였던 닥나무에서 우리가 원하는 종이가 만들어지는 과정을 경험하면서 다양한 물질의 변화들을 관찰해 볼 수 있었습니다.

　해시계팀 유아들은 처음에는 해시계도 지금의 시계와 비슷하다고 생각하였지만 옛 발명품인 양부일구 모형을 관찰하면서 다른 점을 발견할 수 있었습니다. 또한 조사하고 관찰하는 과정을 통해 해의 변화와 시간의 관계를 이해할 수 있었으며, 그림자의 변화를 측정하기 위한 해시계도 구성해 보았습니다.

물시계팀 유아들은 물의 성질을 탐색하면서 위에서 아래로 떨어지는 물이 모이는 정도에 따라 시간을 표시할 수 있다는 것을 발견하였습니다. 또한 시간의 흐름과 물의 양을 연결지어 생각하며 눈에 보이지 않는 시간을 시각화하여 느껴볼 수 있었습니다.

다음 주에는 이러한 경험들을 바탕으로 우리가 원하는 발명품을 직접 구성해 볼 예정입니다. 옛 발명품이 우리에게 미치는 영향에 대해 이해하고, 지금의 문제점들을 해결하기 위해 가지는 생각의 변화, 작은 노력이 미래에 큰 영향을 주게 됨을 알아보고자 합니다.

유아들은 자신들이 가지고 있는 발명품에 대한 의문점들을 해결하고 옛 발명가처럼 발명품을 만들어가는 과정에서 "우리가 이 발명품을 만들게 된다면 정말 멋진 경험을 하는 거야."라고 이야기하였습니다.

옛 발명품에 대해 알아보고 나의 발명품을 스스로 계획하여 만들어 보는 과정은 과학적 원리의 이해뿐 아니라 발명품이 발명가의 시행착오와 노력으로 이루어진 것임을 알고, 스스로 발명가들처럼 생각하고 실천해 보는 경험들을 가지게 할 것입니다. 또한 작은 것도 지나치지 않고 관찰하며, 해결방법을 스스로 생각하고 노력해 보는 발명가로서의 경험들은 유아들에게 더욱 멋진 체험이 될 수 있을 것입니다.

2) 온라인 활동을 위한 협조사항

구 분	내 용
특허청 발명교육센터	http://iec.kipo.go.kr
발명 이야기	http://www.yescall.com/invention
한국사이버 발명교육센터	http://www.koci.or.kr

3) 현장학습을 위한 협조사항

구 분	내 용
국립중앙박물관	• 위치 : 서울특별시 용산구 서빙고로 135 • 전화번호 : 02-2077-9000 • 홈페이지 : http://www.museum.go.kr
어린이민속박물관	• 위치 : 서울특별시 종로구 세종로 1-1 • 전화번호 : 02-3704-3130 • 홈페이지 : http://www.kidsnfm.go.kr
궁중유물전시관	• 위치 : 서울특별시 중구 정동 5-1 • 전화번호 : 02-771-9952 • 홈페이지 : http://www.royalmuseum.go.kr
농업박물관	• 위치 : 서울특별시 중구 충정로1가 75 • 전화번호 : 02-2080-5727 • 홈페이지 : http://www.agrimuseum.or.kr
롯데월드 민속박물관	• 위치 : 서울특별시 송파구 잠실동 40-1 • 전화번호 : 02-411-2000 • 홈페이지 : http://www.lotteworld.com/family-museum/main.asp
서울교육사료관	• 위치 : 서울특별시 종로구 화동 2 • 전화번호 : 02-736-2859 • 홈페이지 : http://www.edumuseum.seoul.kr
몽촌역사관	• 위치 : 서울특별시 송파구 방이동 88 • 전화번호 : 02-424-5138~9 • 홈페이지 : http://www.sosfo.or.kr/park/view_park01.asp

서울역사박물관	• 위치 : 서울특별시 종로구 신문로2가 2-1 • 전화번호 : 02-724-0114 • 홈페이지 : http://www.museum.seoul.kr
옹기민속박물관	• 위치 : 서울특별시 도봉구 쌍문1동 497 • 전화번호 : 02-900-0900 • 홈페이지 : http://onggimuseum.org

4) 활동 자료를 위한 협조사항의 예

• 전통과 관련된 물품(옛 서적, 그릇, 그림, 옷 등)이 있으시면 보내 주시기 바랍니다. 유아들과 우리 전통문화를 이해하는 자료로 귀하게 사용한 뒤 돌려 드리겠습니다.
• 유아들이 알아보기로 한 종이, 해시계, 물시계에 관련된 자료가 있으시면 유치원으로 보내 주시기 바랍니다. 교육활동의 자료로 소중하게 사용한 뒤 돌려 드리겠습니다.
• 다음 주에는 유아들과 다양한 발명품을 구성해 보는 시간을 가질 예정입니다. 유아들의 발명품 재료로 사용할 수 있도록 재활용품(종이상자, 플라스틱 통, 금속뚜껑, 헝겊 조각, 단추, 종이 속대 등)을 보내 주시기 바랍니다.

6. 활동 전개의 예

옛 발명품에 관심 가지기

• 옛 발명품에 대한 생각 나누기
• 우리가 알고 있는 옛 발명품에 대해 조사하기
• 옛 발명품의 의미 토의하기
• 국립중앙박물관, 어린이민속박물관 견학 다녀오기

옛 발명품 탐색하기

• 옛 발명품의 특징(재료, 모양, 크기 등) 탐색하기
• 옛 발명품의 사용방법 탐색하기
• 옛 발명품을 직접 사용하여 미술활동, 과학활동, 요리활동 경험하기
• 옛 발명품의 특징을 이해하기 위한 다양한 놀이 경험하기

옛 발명품에 대해 알아보기

• 우리들의 궁금증을 중심으로 팀 나누기

한지팀	해시계팀	물시계팀
• 한지 탐색하기 • 한지 만드는 방법 예측하기 • 한지 구성하기 　– 닥나무 탐색하기 　– 닥나무로 종이 만들기 　– 펄프로 종이 만들기 　– 다양한 재료로 꾸민 종이 만들기	• 앙부일구 모형 탐색하기 • 해시계가 만들어진 원리 예측하기 • 해시계 구성하기 　– 그림자의 변화 관찰하기 　– 그림자 변화와 시간 변화의 관계 알아보기 　– 해시계에 시간 표시하기 　– 해시계 완성하기	• 자격루 사진, 자료 탐색하기 • 물시계가 만들어진 원리 예측하기 • 물시계 구성하기 　– 물과 시간의 관계 알아보기 　– 물의 양과 시간의 관계 알아보기 　– 물시계에 시간 표시하기 　– 유치원에서의 생활을 측정할 수 있는 물시계 만들기

옛 발명품이 지금 우리의 생활에 미치는 영향 알아보기

• 우리 생활에서 발명품 사용해 보기
• 발명품이 없었다면 어떻게 되었을지 예측해 보고 경험해 보기
• 소중한 발명품을 보호할 수 있는 방법 알아보기

우리가 만드는 미래의 발명품 발명하기

• 우리도 미래의 발명품을 만들어 낼 수 있음을 이해하기
• 우리가 생각하는 불편함을 해소하기 위한 발명품 계획하기
• 우리가 만들고 싶은 미래의 발명품 토의, 관찰, 실험의 과정을 통해 계획하고 발명하기

깊은바다반 발명품 전시회와 '장영실상' 시상식

Ⅱ

주제 전개과정

1. 옛 발명품에 관심을 가져요

1) 옛 발명품에 관심 가지기

'민속의 날' 행사와 '추석' 등의 특별한 날을 경험하면서 유아들은 우리 주변의 전통 생활용품에 관심을 가졌다. 다양한 전통 생활용품을 탐색해 보고 그 쓰임새를 알아가던 중 유아들은 어떤 사람들이 이러한 물건을 만들었으며, 왜 만들게 되었는지 궁금하게 생각하였다.

유아들은 다양한 전통 생활용품을 관찰하고 탐색하면서 이러한 물품들이 생

유아 1 : 이 또아리는 사람들이 항아리를 머리에 올리고 갈 때 아프지 말라고 하는 거야.
유아 2 : 키는 여러 가지 쌀이랑 콩을 놓고 흔들어서 껍질을 까는 거야.
유아 3 : 어떤 사람들이 이런 것들을 만들었을까?
유아 4 : 어떻게 이런 것들을 만들자고 생각했을까?

활의 편리함을 위해 옛사람들이 발명한 것임을 알게 되었고, 이러한 과정에서 옛 발명품에 대한 관심이 높아져 갔다. 처음 옛 발명품에 대해 알아보며 유아들은 옛날에 만들어진 것은 모두 옛 발명품이라고 하였다. 옛 발명품의 의미를 좀 더 구체적으로 알아보기 위해 유아들이 알고 있는 옛 발명품들에 대해 이야기를 나누어 보고 옛 발명품의 의미에 대해 생각해 보는 시간을 가졌다.

예로부터 전해져 내려오는 다양한 전통 생활용품에 대해 서로의 생각을 나누고 공유하는 과정에서 유아들은 '지금보다 옛날에 우리나라 사람이 만든 물건 중 사람들이 잘 살게 도와주는 물건'을 옛 발명품이라고 정의할 수 있었다.

처음 옛 발명품에 대해 이야기를 나누었을 때는 옛날에 사용한 모든 것이 우리의 옛 발명품이라고 생각하였지만 점차 유아들은 자신들이 정한 의미에 따라 옛 발명품을 분류해 볼 수 있었다. 이러한 과정은 유아들에게 우리 전통문화에 대한 이해와 함께 옛 발명품에 대한 관심과 흥미를 높이는 데 도움이 되었다. 또한 유아들은 옛 발명품을 탐색하고 분류해 보면서 많은 의문점들을 발견할 수 있었다.

유아들의 생각에 따라 분류된 옛 발명품

유아 1 : 어떤 종류의 발명품이 있는지 알고 싶어요.

유아 2 : 발명품의 이름은 무엇인지 알고 싶어요.

유아 3 : 언제, 어디서 만들었는지 궁금해요.

유아 4 : 누가 만들었는지 알고 싶어요.

유아 5 : 왜 만들었고 왜 필요한지 궁금해요.

유아 6 : 무엇으로 만들었는지 알고 싶어요.

유아 7 : 어디서 사용했고, 어떻게 사용하는 건지 알고 싶어요.

유아 8 : 옛날에 만들어진 발명품이 우리를 어떻게 편리하게 해 주는지 궁금해요.

유아 9 : 어떻게 발명품에 대해 더 많은 연구를 하게 되었는지 알고 싶어요.

유아 10 : 지금 없어진 발명품들은 왜 없어진 건지 궁금해요.

유아들은 발명품이 우리의 생활의 편리함을 위해 발명되었다는 것을 알고 독특한 모양과 재료로 만들어진 발명품들이 옛사람들의 생활을 어떻게 편리하게 만들었는지를 궁금해하였다. 또한 옛날 사람들이 만든 발명품이 우리에게 왜 소중한 것인지, 지금은 사용하지 않는 옛 발명품들을 우리가 왜 알아보아야 하는지에 대해서도 궁금해하였는데 이러한 의문점들을 해결해 가는 과정에서 지금 우리의 풍요로운 삶을 위해 노력한 조상들의 지혜와 슬기를 느끼고 배울 수 있는 기회가 될 수 있을 것이라 생각되어 좀 더 깊이 있게 진행해 보기로 하였다.

2) 어린이박물관 견학

옛 발명품에 대해 알아가면서 유아들은 좀 더 구체적으로 발명품을 경험해 보고자 하였다. 옛 발명품의 특성상 지금까지 사용되고 있는 것은 쉽게 접해 볼 수 있으나 문화재로 지정된 것, 지금은 남아 있지 않은 것들은 사진과 같은 간접적인 방법으로만 경험할 수 있어 유아들의 궁금증이 더하였다. 이에 옛 발명품들을 좀 더 가까이 접해 볼 수 있는 방법으로 어린이박물관 견학을 계획하였다.

국립중앙박물관 내에 위치한 어린이박물관은 유아들이 옛사람들의 생활을 직접 체험할 수 있도록 되어 있어 유아들의 전통문화에 대한 이해를 도울 수 있었다. 또한 전시품들이 전통가옥, 생활용품, 악기, 무기 등으로 나뉘어 있어 유아들이 좀 더 체계적으로 경험할 수 있었으며, 유아들이 가장 관심을 가졌던 해시계인 양부일구와 측우기, 자격루 등이 모형으로 전시되어 있어 옛사람들의 생활을 직접 경험해 보고 이해할 수 있는 의미 있는 시간이 되었다. 뿐만 아니라 다소 추상적이었던 옛사람들의 생활에 대해 구체적인 이해를 도울 수 있었으며 옛 발명품들에 대한 관심과 흥미도 더욱 높일 수 있었다.

국립중앙박물관 어린이박물관 견학 모습

박물관을 다녀와서 회상한 그림

2. 우리 주변의 옛 발명품을 탐색해 보아요

1) 옛 발명품 탐색하기

박물관 견학에서 보았던 다양한 옛 발명품과 서적, 인터넷 자료, 옛 발명품 모형 자료 등으로 유아들은 옛 발명품에 대한 관심과 이해를 높여 갔다. 특히 다양한 옛 발명품에 대한 서적을 중심으로 우리의 옛 발명품에 대한 정보를 모아 보았는데, 유아들은 발명품일 것이라고 예상했던 물건들이 책에 있는 것을 보며 자신들의 생각을 확인하였고, 발명품에 얽힌 다양한 이야기를 읽으면서 발명품에 대한 새로운 사실들도 알 수 있었다.

이러한 다양한 간접경험들로 유아들은 우리나라의 발명품을 다른 나라의 발명품과 구분하여 분류할 수 있었으며, 옛 발명품을 통해 우리나라의 전통 생활 문화도 이해해 볼 수 있었다. 처음 발명품에 대해 이야기를 나누었을 때 우리나라의 발명품인지, 다른 나라의 발명품인지, 옛날에 만들어진 것인지 등을 잘 알지 못했던 유아들은 다양한 발명품의 특징들을 발견하면서 우리나라의 발명품과 다른 나라의 발명품이 다르며 지금 사용하는 것과 예전에 사용했던 것들이 다르다는 것을 이해할 수 있었다.

> 유아 1 : 옛날 집은 지금이랑 달라요. 우리는 아파트를 지을 수 있지만 옛날 사람들은 그렇게 하지 못해서 낮은 집을 지었어요.
>
> 유아 2 : 한글도 달라졌어요. 처음 만들었던 글은 이상한 글자도 많은데 점점 달라져서 쉬운 글자가 되었어요.
>
> 유아 3 : 한복은 우리나라의 전통 옷이에요. 예쁘고 공주 옷 같아서 좋아요. 옛날 사람들도 예쁜 옷을 좋아했어요.
>
> 유아 4 : 거북선은 싸움을 잘 하기 위해서 발명한 거예요. 지금은 탱크도 있고 비행기도 있어요. 우리나라 사람들이 탱크랑 비행기도 발명하면 좋겠어요.

옛 발명품에 대한 관심이 높아진 유아들과 직접 경험해 볼 수 있는 옛 발명품들을 중심으로 탐색하는 시간을 가져 보기로 하였다. 직접 만지고 그 사용방법을 익히고 경험해 보는 것은 옛 발명품의 가치와 의미를 이해하는 것에 도움이 될 수 있을 것으로 생각되었다.

(1) 한국화 안료로 그림 그리기

유아들과 전통문화에 대해 알아보면서 옛사람들이 그린 그림들에 관심을 가지게 되었다. 유아들은 지금 우리가 사용하는 물감, 크레파스, 색연필 등과 다른 옛 그림 그리는 도구들에 관심을 가졌다. 이에 옛사람들이 발견하여 사용하게 된 먹과 안료를 이용한 그림 그리기 활동을 전개해 보았다. 유아들은 한국화 안료가 지금의 물감과 다른 점들을 이야기하며 옛날 사람들이 사용하던 도구에 대한 이해를 높였다. 그림의 색을 내기 위해 다양한 자연의 재료에서 가루를 추출하여 물감과 같이 사용하였다는 사실에서 옛사람들의 지혜를 이해할 수 있었고, 직접 그림을 그려 보며 색의 아름다움을 느껴 볼 수 있었다. 또한 안료를 섞는 도구, 서양의 붓과 다른 동양화 붓 등을 직접 사용해 보면서 옛사람들의 지혜를 알 수 있었다.

한국화 안료와 먹을 이용한 그림 그리기 활동

(2) 되와 홉을 이용해서 측정해 보기

과학 영역에서는 옛 측정도구인 되와, 홉을 이용한 측정하기를 경험해 보았다. 옛날 사람들은 무게와 길이를 어떻게 측정했을지 궁금해하는 유아들과 옛사람들이 사용하던 다양한 측정도구들을 알아보고 직접 사용해 보았다. 유아들은 지금의 도구들과 다른 옛 도구들을 경험하면서 지금과 달리 불편하지만 꼭 필요했던 도구들임을 알게 되었다. 또한 되, 홉처럼 같은 부피를 측정하는 도구이지만 단위를 다르게 하여 많은 양을 좀 더 편리하게 측정할 수 있도록 한 옛사람들의 지혜를 놀라워하였다.

유아 1 : 큰 되가 가장 많이 들어가요. 작은 되로 하나! 둘!
유아 2 : 작은 되 두 개랑 큰 되 한 개가 같아요. 홉은 하나, 둘, 셋, 넷, … 열!!
유아 3 : 홉은 열 번이나 해야 한 되가 되요.
유아 2 : 홉으로 하면 정말 많이 퍼야 해요. 팔이 아파요!
유아 1 : 그래서 되를 만들었나 봐요. 되보다 더 큰 것도 필요할 텐데….

(3) 생활을 편리하게 하는 도구 사용해 보기 - 체와 맷돌

유아들은 앞마당 놀이 시 모래 영역에서 많이 이용하는 도구였던 체가 옛사람들이 발명한 도구라는 것에 관심을 가졌다. 작은 알갱이과 큰 알갱이를 구별할 수 있으며 체의 굵기에 따라 걸러지는 알갱이들도 다를 수 있음을 다양한 물질을 통한 실험을 통해 이해할 수 있었다.

또한 유아들과 옛사람들이 사용하던 도구를 이용한 요리활동을 계획하였다. 유아들이 가장 많이 알고 있는 것이 맷돌이었는데 다양한 게임, 서적 등을 통해 맷돌이 지금 우리가 사용하는 믹서와 비슷하다는 것은 이해하고 있었지만 정확한 사용방법과 생김새, 곡식과 같은 물질이 갈리는 원리 등에 대해서는 쉽게 이해하지 못했다. 이에 유아들과 맷돌을 이용하여 녹두전을 만들어 보았다.

유아들은 녹두를 직접 맷돌을 이용하여 갈아 보면서 맷돌의 원리를 이해하였다. 작은 돌멩이를 이용하여 곡식을 갈던 것에서 맷돌이라는 도구를 발명하고 그 도구에서 또 다시 믹서라는 도구를 발명하는 과정 속에서 발명품의 발달이 우리들의 생활에 미치는 영향들에 대해서도 생각해 보는 기회가 되었다.

유아 1 : 체는 큰 모래를 걸러 줘요. 작은 구멍으로 나가지 못하는 알갱이만 남아요.

유아 2 : 맷돌은 정말 빙글빙글 돌아가요.

유아 3 : 무거운 돌이 돌아가면서 녹두를 갈아 줘요. 깨끗한 돌로 맷돌을 만들어야겠어요. 돌이 들어가지 않는 것이 신기해요.

유아 2 : 무겁고 빙글빙글 계속 돌리는 것은 힘들어요.

유아 3 : 사람들이 처음에는 맷돌을 발명하고 힘들어서 믹서를 발명한 것 같아요. 다음에는 그냥 저절로 돌아가는 것이 있으면 좋겠어요.

맷돌을 이용한 요리활동 모습

2) 옛 발명품으로 놀이하기

다양한 옛 발명품들을 직접 사용하고 탐색해 보면서 우리나라의 옛 발명품에 대한 유아들의 관심과 흥미가 높아졌다. 유아들이 탐색의 과정에서 발견한 옛 발명품에 대한 특징을 놀이를 통해 깊이 있게 경험하도록 하였다. 이는 옛 발명품을 더욱 친숙하게 느끼고 발명품의 특징들을 자연스럽게 이해할 수 있도록 하였다.

(1) 신체표현

옛 발명품들을 신체를 이용하여 표현해 보는 시간을 가졌다. 옛 발명품들은 그 생김새가 독특하고 다양하여 유아들의 창의적인 표현을 도울 수 있었다. 또한 생김새를 표현하는 것에서 그치는 것이 아니라 사용방법들을 직접 발명품이 되어 표현해 봄으로써 옛 발명품에 대한 이해를 돕고 창의적 표현능력을 기를 수 있었다.

 맷돌을 응용한 놀이 모습

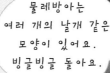
맷돌이 돌아가는 모습이에요. 친구와 함께 맷돌이 되어 보았어요.

물레방아는 여러 개의 날개 같은 모양이 있어요. 빙글빙글 돌아요.

(2) 수 · 조작 게임

수 · 조작 영역에서는 옛 발명품을 이용한 다양한 교구를 비치하여 유아들의 이해를 도왔다. 퍼즐, 빙고, 판 게임과 같이 다양한 방법을 이용한 교구를 제작하여 비치하였고 각자 발명품의 종류 알아보기, 발명품의 변화과정 이해하기, 발명품의 사용방법 익히기와 같은 목적을 가지고 유아들의 사고발달을 도울 수 있었다.

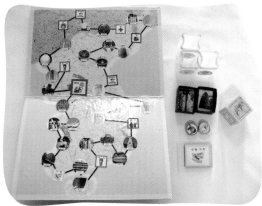

옛 발명품의 특징을 이용하여 제작된 교구들

(3) 언어활동

언어 영역에서는 옛 발명품 책 만들기 활동이 진행되었다. 유아들은 자신들이 알게 된 발명품을 다양한 글과 그림으로 표현하였다. 수수께끼 형식으로 풀어 낼 수 있는 책 만들기 방식이 발명품에 대해 좀 더 알아보고 표현하도록 하는 기회가 되었다. 또한 옛 발명품의 특징을 통해 알게 된 옛사람들의 전통 생활 모습을 자유롭게 표현해 볼 수 있도록 디오라마 활동을 진행하였으며 디오라마 의 다양한 발명품들은 유아들이 점토로 구성하여 확장할 수 있도록 하였다.

전통 생활 모습 디오라마

(4) 역할 영역 – 어린이 옛 발명품 과학관 놀이

역할 영역에서는 〈어린이 옛 발명품 과학관 놀이〉를 진행하였다. 처음 유아들 은 박물관과 과학관, 전시회와의 차이를 잘 구별하지 못하였는데 이야기 나누기 를 통해 과학관은 좀 더 과학적인 부분들, 즉 어떻게 만들어졌는지 어떤 소재를 사용하였는지 등의 부분들을 설명해 주는 것이 필요하고 사람들도 그런 것들을 알아보기 위해 가는 장소라는 것을 이해하고 표현할 수 있었다. 간판을 만들고 입장권을 만들며 유아들과 함께 놀이를 계획하였다. 또한 이 과정에서 과학관

역할 영역에서의 놀이 모습

의 특징을 살려 각 물건의 설명을 쓰기를 원하였는데, 유아들의 이러한 활동들을 격려하여 놀이를 통해 옛 발명품의 특징들을 이해하고 표현하도록 하였다.

유아들이 구성한 역할 목걸이와 입장권

(5) 미술활동

미술 영역에서는 유아들과 옛 발명품에 대해 좀 더 깊이 있게 알아보기 위해 점토를 이용하여 발명품을 구성해 보는 활동들을 전개하였다. 유아들은 처음에는 어떻게 구성해야 할지 모르겠다고 하였지만 사진과 다양한 자료들을 보면서 표현해 볼 수 있었다. 또한 이러한 과정에서 '이건 왜 여기가 이렇게 생겼어요?', '이건 왜 이런 걸로 만들었어요?'라며 다양한 의문점을 통해 발명품의 생김새의 특징을 이해할 수 있었다.

옛 발명품을 점토로 제작하여
아크릴 전시관에 넣은 모습

유아들이 점토를 이용하여 구성한 발명품들은 투명 아크릴 통으로 제작한 작은 전시관 안에 넣었다. 유아들은 자신들의 작품이 정말 전시관처럼 보관되는 것에 성취감을 느낄 수 있었다. 이렇듯 작은 전시 방법의 변화가 유아들에게 더 큰 흥미와 관심을 끌었으며, 참여를 높이는 것에 효과적이었다.

다양한 활동들을 통해 옛 발명품들의 특성에 대해 알아가던 유아들은 자신들이 관심 있어 하는 발명품들을 중심으로 좀 더 깊이 있게 알아보기를 원하였다. 만들어진 원리, 만든 사람, 만들어진 시기 등 다양한 의문점에 대해 알아보기를 원하였는데 이에 유아들이 궁금해하는 옛 발명품들 중에서 가장 관심 있는 발명품을 팀별로 정하여 깊이 있게 알아보기로 하였다.

3. 옛 발명품의 궁금증을 찾아 보아요

우리의 옛 발명품을 다양한 활동을 통해 경험해 본 유아들은 옛 발명품이 가진 가치와 의미를 이해할 수 있었으며 더 많은 의문점들을 발견하였다. 특히 한글을 적어 책을 만드는 옛 종이인 한지와 해와 물을 이용하여 시간을 알려 주는 해시계, 물시계에 대해 알아보기를 원하여 한지팀, 해시계팀, 물시계팀으로 나누어 옛 발명품에 대한 의문점들을 모아 해결해 보기로 하였다.

먼저 옛 발명품들에 대한 유아들의 생각을 팀별로 이야기를 나누어 보는 시간을 가졌다. 유아들은 한지, 해시계, 물시계를 간접경험을 통해 알고는 있었지만 사용방법, 만들어진 이유, 원리 등에 대해서는 잘 알지 못하였고 이러한 것들을 궁금해하였다.

우리나라를 빛내는 많은
발명품이 있어요.
그 중에서 우리들에게 매우 중요한
종이, 시계의 발명에 대해
알아보고 싶어요.
우리나라 사람들은 한지를 발명하였고
해와 물을 이용한 시계를 발명하였어요.
누가, 어떻게, 왜 발명을 하게
되었을까요?
우리의 의문점을 해결할 수 있는
방법을 생각해 보았어요.

1) 한지팀

유아 1 : 어떻게 만들었는지 궁금해요.

유아 2 : 어디에서 사용하는지 궁금해요.

유아 3 : 한지는 왜 잘 안 찢어지는지 궁금해요.

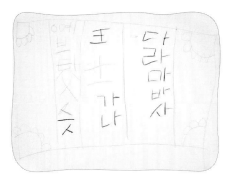 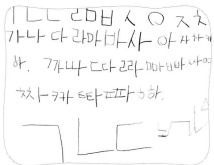

한지에 대한 유아들의 표상

2) 해시계팀

유아 1 : 누가, 어떻게 만들 생각을 했는지 궁금해요.

유아 2 : 어떻게 바늘이랑, 숫자도 없이 시간을 알려 주었는지 궁금해요.

 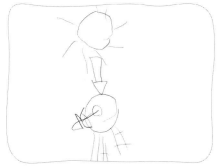

해시계에 대한 유아들의 표상

3) 물시계팀

유아 1 : 어떻게 생겼는지 알고 싶어요.
유아 2 : 어떻게 물이 움직여서 시간을 알려 주는지 궁금해요.

물시계에 대한 유아들의 표상

위와 같이 처음 유아들은 옛 발명품이 만들어진 원리와 사용방법을 가장 궁금해하였으며 옛 발명품들의 특징을 정확하게 이해하지 못하는 모습이었다. 특히 해시계의 경우 해가 비치면 저절로 돌아가는 시계가 붙어 있다고 생각하거나, 물시계의 경우 물이 통에 채워지면서 시계가 알려 준다고 생각하였다. 현재 우리가 사용하고 있는 시계에 대한 개념과 옛 발명품으로서의 시계의 개념 사이에서 혼란스러워한 것이다. 이에 유아들과 서적, 모형 자료 등을 통해 옛 발명품들을 탐색해 보고 유아들이 가장 궁금해하는 발명이 된 과정은 직접 우리가 발명품을 만들어 보면서 경험해 보기로 하였다.

4. 옛 발명품에 대해 알아보아요

유아들과 옛 발명품에 대한 궁금증을 찾아 보면서 우리 스스로 의문점을 어떻게 해결할 수 있는지에 대해 이야기를 나누고 계획을 세워 보는 시간을 가졌다.

또한 팀을 나누어 문제해결과정을 직접 경험해 보았다.

유아들은 대부분 발명품을 누가 만들었으며 언제 만들었는지를 궁금해하였고 이러한 의문점들은 책을 보거나 인터넷 검색을 통해 조사하여 해결하기로 하였다. 또한 발명품을 어떻게, 어떤 방법으로 만들었는지에 대해서는 직접 실험활동을 통해 알아보고, 그 결과를 통해 발명품의 발명과정을 알아보기로 하였다. 발명품의 특징을 알아보는 것은 관찰활동과 직접 발명품을 이용한 측정활동 등으로 의문점을 해결해 보기로 하였다. 유아들은 자신들이 진짜 발명가가 된 것 같다며 주제에 더욱 흥미를 보이게 되었다.

유아들이 관심을 가지는 발명품을 중심으로 팀을 나누어 의문점들을 해결해 보고 발명품이 만들어진 과정을 관찰, 예측, 분류, 실험, 토의의 과정을 통해 직접 경험해 봄으로써 발명품 하나가 완성되기까지의 다양한 과학적 원리들을 알아보는 기회가 될 수 있다. 또한 발명품이 발명가의 시행착오와 노력으로 이루어진 것임을 이해하고, 유아들도 이러한 과정을 실행할 수 있는 발명가로서의 소양과 과학에 대한 마음, 태도를 기르는 기회가 될 수 있었다.

이러한 유아들의 궁금증 해결과정들을 팀별로 각각 살펴보면 다음과 같다.

1) 한지팀

유아들의 발명품에 대한 관심을 높이고 특징을 이해할 수 있도록 팀별로 정한 옛 발명품을 탐색해 보는 시간을 가졌다. 모양이나 색 등 눈에 보이는 특징뿐 아니라 다양한 감각기관을 이용하여 탐색해 보고 또한 발명품이 만들어진 과정, 사용하는 원리 등을 생각해 보도록 함으로써 좀 더 구체적이고 면밀한 탐색의 과정이 되도록 하였다.

(1) 탐색하기

한지의 특성을 알아보기 위해 다양한 종이를 탐색해 보는 활동이 전개되었다. 종이의 두께, 질감, 빛의 투과성 등의 기준에 따라 가장 특성이 두드러지며 유아들이 즐겨 사용하는 종이의 종류로 한지와 머메이드지, 트레싱지를 비교해 보았다.

한지의 특성을 탐색하는 유아들

한지는 잘 세워지지
않아요. 부드러워서
그런가 봐요.

힘을 주어 당겨도
한지가 잘 찢어지지
않아요. 보기만 하면
잘 찢어질 것 같은데….

한지로 하늘도
볼 수 있어요. 트레싱지처럼
많이 비치지는 않지만 빛이
들어올 수 있는 구멍이
있어서 빛이 비쳐요.

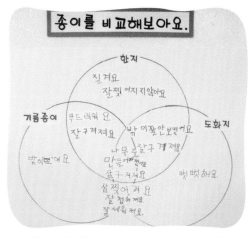

종이의 특징을 비교하여 기록한 벤다이어그램

유아들은 먼저 트레싱지는 얇아서 다른 물건들이 비치기도 하고 다른 사물을 종이를 통해 볼 수 있으며, 한지는 그렇지 않을 것 같았는데 비치기도 한다고 하였다. 또한 찢고, 구기고, 당겨 보는 과정에서 한지는 부드럽지만 잘 찢어지지 않고 다른 종이들은 잘 찢어진다는 것을 알았다. 또한 다른 종이는 접어서 세우거나 다른 형태를 만들기가 쉽지만 한지는 부드러워서 그렇지 않다는 것을 발견하였다. 유아들은 한지가 부드럽지만 잘 찢어지지 않

한지를 이용한 유아들의 작품

는 질긴 종이이며, 빛이 비치는 아름다움도 가지고 있음을 알 수 있었다.

　이렇게 발견한 한지의 특성을 좀 더 구체적으로 경험해 보고 한지의 아름다움을 유아들이 느껴 볼 수 있도록 다양한 종이의 활용기법을 이용하여 한지로 구성하는 시간을 가졌다. 유아들은 찢기, 구기기, 접기 등의 방법을 이용하여 종이를 탐색하고 구성하였으며 자신들이 원하는 모양을 구성하기 위해 다양한 기법을 사용할 수도 있었다. 또한 라이트테이블과 전등과 같은 빛을 이용한 작품 전시로 한지의 아름다움을 한껏 느껴 볼 수 있었다.

(2) 발명품이 만들어진 방법 예측해 보기

유아들은 한지가 종이와 같이 나무에서 만들어진다는 것은 알고 있었다. 하지만 커다란 나무가 어떻게 종이가 되는지에 대해서는 잘 알지 못하였으며 처음에는 우리가 알고 있는 사과나무, 소나무와 같은 모든 나무에서 종이를 만들 수 있을 것이라고 생각하였다. 나무를 부수거나 잘라서 종이를 만드는 것이라고 생각하던 유아들은 친구들이 집에서 가지고 온 한지 만들기 관련 도서를 통해 모든 나무가 종이를 만들 수 있는 것은 아니며, 닥나무라는 것이 필요하고 자르고 삶는 과정들을 거쳐 종이를 만들 수 있다는 것을 알게 되었다. 이에 유아들과 닥나무를 관찰해 보고 책에 나온 방법처럼 종이를 만들어 보기로 하였다.

종이가 만들어지는 방법에 대해 예측해 보았어요

한지는 나무로
만들어져요.
나무에게 가서 종이를
만들고 싶다고 해요.
그리고 나무를 얇게
잘라서 종이처럼
만들어요.

나무를 잘라서
돌멩이로 부숴요.
그래서 모아서 종이를
만들 수 있을 것
같아요.

(3) 우리가 계획하여 옛 발명품 구성해 보기

탐색활동과 예측하기 활동을 통해 우리의 옛 발명품을 구성하는 과정을 알아본 유아들은 자신들이 직접 옛 발명품을 만들어 보기를 원하였다. 이를 위해 예측하기의 과정에서 필요하다고 생각된 실험활동을 진행하였으며 이러한 실험활동의 결과를 반영하여 발명품들을 구성해 나갔다.

유아들 스스로 옛 발명품을 구성해 보는 과정은 옛 발명품을 만든 발명가가 경험한 시행착오를 그대로 경험하게 하여 유아들의 사고 확장을 도울 수 있으며 새로운 생각을 해내는 창의력을 신장시키는 기회가 될 수 있었다.

① 닥나무 관찰하기

한지팀 유아들과는 먼저 종이를 만드는 재료인 닥나무를 관찰하는 시간을 가져 보았다. 닥나무와 다른 나무들을 비교하여 특징을 알아보았으며 닥나무의 어떠한 특징으로 종이가 만들어지는 것인지도 알아보았다.

유아 1 : 닥나무는 조금 부드럽기도 하고 속이 노란색이에요.
유아 2 : 이렇게 딱딱한 나무로 어떻게 종이를 만드는 거예요?
유아 3 : 겉에 껍질은 딱딱하지만 속은 부드러울 것 같아요. 그리고 껍질을 뜯으면 실 같은 것이 있어요.
유아 4 : 닥나무는 껍질로 종이를 만드는 것이 아니라 속에 있는 실 같은 것으로 만들 것 같아요. 더 부드러우니까요.

물에 불린 닥나무를 만져 보며 탐색하는 모습

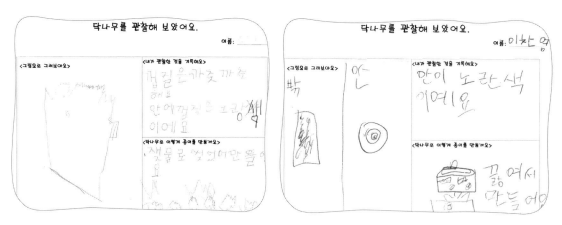

닥나무를 관찰한 결과를 기록한 관찰기록지

② 닥나무로 종이 만들기

유아들은 책에서 본 것이 있어 종이를 닥나무에서 만든다는 것은 알고 있었지만 종이가 만들어지기까지의 그 중간과정은 알지 못했다. 유아들은 나무를 두드리며 넓게 펴서 종이 형태를 만들면 종이가 된다고 생각하였다. 하지만 유아들과 함께 닥나무를 두드려 보는 과정을 통해 닥나무가 너무 딱딱해서 두드리는 것만으로는 종이를 만들 수 없다는 것을 알게 되었다. 유아들은 닥나무를 부드럽게 하기 위해 물에 담가 보기를 원했기 때문에 유아들과 닥나무를 물에 담가 두어 변화된 모습을 관찰하였다. 유아들은 딱딱한 속과 달리 닥나무의 겉껍질이 물과 만나 더욱 부드러워진 것을 발견하였으며, 이러한 겉껍질로 종이를 만들 수 있을 것이라 예측할 수 있었다.

닥나무를 관찰한 유아들은 여러 가지 종이를 만들 수 있는 방법들을 생각해 냈다. 이러한 유아들의 생각에 따라 종이를 만들어 보기로 하였는데 이러한 과정은 유아들이 스스로 예측하고 실험하고 결과를 재반영하는 과정을 경험하도록 하여 흥미와 관심을 높일 뿐 아니라 자연스럽게 과학적 사고를 경험하고 태도를 기르는 것에 도움이 되었다.

유아 1 : 나무를 편평하게 해야 하는데 너무 딱딱해요.

유아 2 : 물에 불리면 좋을 것 같아요.

유아 3 : 물에 불렸더니 조금 부드러워졌어요. 그런데 안은 딱딱해요.

유아 4 : 껍질이 부드러워졌고 안에 실 같은 것이 많이 생겼어요.

유아 5 : 우리들 생각처럼 종이는 닥나무 속이 아니라 겉껍질로 만들어져요.

물에 불린 닥나무를 찧어 껍질을 간 다음 종이를 만드는 모습

유아들은 먼저 닥나무 껍질을 모아 뭉쳐 보았으나 잘 뭉쳐지지 않고, 마르면 부서지는 것을 보며 다른 방법이 필요하다는 것을 알게 되었다. 유아들의 문제해결과정에 따라 종이를 완성해 나갔으며, 모양을 만들지 않아 둥근 모양이 되었지만 한 장의 멋진 종이를 완성할 수 있었다.

③ 다른 방법으로 만든 종이 비교하기

유아들의 생각처럼 종이를 만들어가면서 나무 껍질을 물에 불리는 과정, 물에 끓이는 과정, 믹서로 가는 과정 등을 거쳐서 종이를 만들게 되었다. 유아들이 발견하는 과정들이 정말 종이를 만드는 것에 효과적인 과정인지를 비교, 관찰해 볼 수 있도록 물에 끓이지 않는 껍질로 만든 종이, 끓이기는 했지만 믹서에 갈지 않은 껍질을 사용한 종이를 만들어 비교해 보았다.

유아들이 닥나무로 처음 만든 종이

닥나무 껍질은 아직 딱딱해, 좀 더 부드러워지게 끓여 보자.

좀 더 부드러워졌어. 많이 끓이면 끓일 수록 나무가 부드러워져. 그럼 종이가 되기 쉬울꺼야.

옛날 사람들은 절구에 넣고 두들겼지만 우리는 믹서가 있잖아…. 믹서에 갈았더니 정말 많이 부드러워졌어요. 이제 종이를 만들 수 있을 것 같아요.

나무 껍질들이 넓게 되고 잘 붙어 있을 수 있도록 물을 빼야 해. 체에 걸러 보자.

종이에는 나무가 아주 작아서 잘 보이지 않았어, 껍질이 더 작아질 수 있도록 믹서에 갈아 보자.

체에 걸러서 물을 빼니까 정말 종이 같이 되고 있어. 마를 때까지 기다려 보자.

우리의 생각처럼 만들었더니 정말 종이가 되었네.

여러 가지 방법으로 종이를 만들어 비교해 봐요

믹서에 갈고 끓이기도
한 것이 제일 종이 같아요. 다른 것은
잘 찢어져요. 끓이면 잘 안 찢어지는
종이가 되요.
닥나무 껍질을 부드럽게 하기 위해서는
끓이기도 하고 갈기도 해요. 그래서
정말 종이가 되는 것 같아요.

끓이지도 않고 믹서에
갈지도 않아서 껍질이 잘
부서져요. 그냥 나무 껍질 같아요.
이건 종이가 아니에요.

닥나무 껍질을 까서 모아 만든 종이

물에 끓이기도 하고 믹서에
갈기도 해서 만든 종이에요.
잘 부서지지도 않고
멋진 종이가 되었어요.

끓이기만 했어요. 조금 종이
같아졌지만 너무 잘 부서져요.
이건 종이가 될 수 없어요.
글씨를 쓰기도 전에
부서져 버릴거에요.

끓인 닥나무 껍질을 모아 만든 종이

닥나무 껍질을 끓이고 믹서에 갈아서 만든 종이

유아들이 만든 닥나무 종이를 비교한 결과를 기록한 관찰기록지

유아들이 만든 닥나무 종이를 비교하여 관찰한 결과

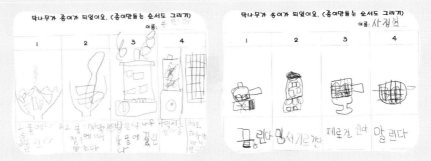

유아들이 구성한 닥나무를 이용하여 종이를 만드는 순서도

④ 펄프로 종이 만들기

닥나무로 직접 종이를 만들어 보면서 유아들은 옛날 사람들이 한 장의 종이를 발명하고 만들어 내기 위해 얼마나 힘든 과정을 거쳐야 하는지를 알게 되었다. 그 과정에서 오늘날의 종이는 예전의 한지와는 다르다는 것을 배웠다.

유아들과 좀 더 손쉽게 종이를 만들기 위해 발명된 펄프를 이용하여 종이를 만들어 보는 시간을 가졌다. 펄프는 닥나무의 종이가 만들어지는 부분들을 모아 기계를 이용하여 가공한 것으로 손쉽게 종이를 만들 수 있다. 유아들과 펄프를 이용하여 종이를 만들어 보는 경험은 종이 만들기의 즐거움을 느끼고 사람들이 편리한 생활을 위해 점차 발전시켜 나가는 발명품의 변화과정도 느껴 보는 기회가 되었다.

펄프로 종이를 만드는 모습

옛날에는 닥나무로 직접 종이를 만들었지만
요즘에는 펄프라는 것으로 만들어요.
펄프는 닥나무 안에 있는 실 같은 것을 기계로
모아서 만들어 놓은 것이에요.
끓이지 않고 갈지 않아도 괜찮아요.
딱딱한 펄프를 물에 넣어 불리기만 하면
되니까 종이 만들기가 훨씬 쉬워졌어요.

펄프를 물에
불려요.

체 같은 것으로
펄프를 걷어요.

뒤집어 놓고
수건으로 물기를
닦아요.

체를 떼어 내요.

⑤ 다양한 재료로 종이 만들기

유아 1 : 종이에 색도 넣고 모양도 넣을 수 있어요.
유아 2 : 종이를 우리 마음대로 만드는 것은 정말 멋진 일이에요.

펄프를 이용하여 종이를 만드는 과정에 익숙해진 유아들은 다양한 재료들을 이용하여 종이를 꾸며서 만들기를 원하였다. 스팽글, 자연물, 털실 등의 다양한 재료를 이용하여 종이를 만들어 보았는데 유아들의 관심과 흥미를 더욱 높이는 것에 도움이 되었다.

스팽글과 털실 등으로 꾸며서 만든 한지

또한 유아들은 모양뿐 아니라 종이의 색을 내는 것에 관심을 보였다. 한지를 어떻게 색을 내어 볼 수 있는지를 생각해 보았는데 유아들과 먼저 물감으로 색을 내어 보았다. 이러한 과정에서 유아들은 물감이 없던 예전에는 어떻게 한지에 색을 내었냐며 의문을 가지게 되었다. 1학기에 천을 이용하여 염색을 해본 경험이 있는 유아들은 쉽게 염색활동에 대해 생각해 내었고 염색을 통해 종이도 물들일 수 있다고 생각하였다. 이에 손쉽게 구할 수 있는 염료인 치자를 이용하여 종이를 염색해 보는 시간을 가져 보았다. 유아들은 종이도 천과 같이 염료에 의해 물이 드는 과정을 경험하면서 한지의 아름다움과 종이의 특성에 대해 깊이 있게 느껴 볼 수 있었다.

치자와 물감으로 색을 내어 만든 한지　　　　　　다식판으로 찍어서 만든 한지

2) 해시계팀

(1) 탐색하기

해시계팀 유아들과는 시중에 판매되고
있는 양부일구의 모형을 이용하여 해시
계를 탐색해 보는 시간을 가졌다. 유아
들은 자신들의 처음 생각과 다르게 바늘
도 숫자도 없는 시계의 모습에 놀라워하
였으며 이것으로 시간을 어떻게 측정하
는지 궁금해하였다. 이름이 해시계이므
로 해로 시간을 측정한다는 생각은 하였
지만 해의 변화, 시간과의 관계 등에 대
해서는 알지 못하였다. 어려운 과학적
개념이 포함되어 있으므로 먼저 해의 변

양부일구 모형을 통해 해시계를 탐색하는 모습

화과정, 해와 그림자의 관계, 시간의 관계 등에 대해 실험활동 등으로 좀 더 알
아보기로 하였다.

(2) 발명품이 만들어진 방법 예측해 보기

처음 해시계팀 유아들은 햇빛이 모이면 저절로 시간을 알려 주거나, 햇빛을 모
아서 그 양으로 시간을 알려 줄 것이라고 생각하였다. 따라서 해시계를 만드는

방법도 우리가 사용하는 시계를 햇빛이 있는 곳에 들고가는 것이라고 생각하기도 하였다. 하지만 양부일구를 탐색하고 관찰하면서 생각을 수정할 수 있었으며 그림자의 변화와 시간의 관계를 조금씩 알아가게 되었다.

해시계팀 유아들은 해시계가 해의 변화와 관련이 있다는 것을 알고 해의 변화에 관심을 가지게 되었다. 해가 비치면서 양부일구 모형에 그림자가 생기는 것을 발견하였으며 그림자의 길이, 방향 등이 시간에 따라 조금씩 달라진다는 것도 알게 되었다. 따라서 해의 변화과정을 관찰하고 시간에 따른 그림자의 변화를 측정하여 시계를 만들어 보기로 계획하였다.

(3) 우리가 계획하여 옛 발명품 구성해 보기

해시계팀 유아들은 작은 나뭇가지를 이용하여 해의 그림자의 변화를 관찰해 보았다. 우리가 앞마당에서 놀이하는 시간 동안 정말 그림자가 조금 변화하는 것을 관찰할 수 있었다.

모래 영역에 해시계를 만들고 있는 모습

　모래 영역에 만들어 놓은 것을 집에 가는 길에 다시 관찰해 보고자 하였으나 다른 반 유아들이 망가트려 할 수 없었다. 유아들은 더욱 튼튼한 시계를 만들기 위해 밑판을 제작하고 나무젓가락을 이용하여 간이 해시계를 구성하였다. 그림자가 변화하는 과정을 관찰하고 기록하며 그림자의 변화과정을 이해할 수 있었다. 또한 시간의 변화에 따른 그림자의 방향의 변화는 해가 변화하며 발생하는 그림자와 시간의 관계를 유아들이 연결하여 개념을 형성하도록 하는 기회가 되었다.

　이러한 과정에서 긴 시간의 경우 그림자가 보다 많이 움직이며, 짧은 시간의 경우 그림자의 변화가 짧은 것을 통해 시간의 변화를 그림자의 움직임으로 측정하고 표시할 수 있다는 것을 알게 되었다. 하지만 그럼 시간을 어떻게 말할 수 있는가에 대한 유아들의 의문점이 발생하였다. 긴 시간, 짧은 시간이라고 이야기를 하는 것은 시간을 다른 사람에게 알려 줄 때 적절한 방법이 아니었기 때문에 유아들은 지금처럼 한 시간, 두 시간이라고 이야기할 수 있는 시간을 구성해 보기를 원하였다.

나무젓가락을 이용해 간이 해시계를 만드는 모습

처음에는 그림자가 여기에 있었는데 조금 달라졌어요.
시간이 조금 지나면 조금 움직이고
많이 지나면 많이 움직여요.
그림자가 변하는 만큼 시간이 변한 것을
알 수 있을 것 같아요.
해의 그림자를 보고 시간을 아는 것이 해시계예요.

자유선택활동 시간은 이만큼,
동화책 읽는 시간은 요만큼,
긴 시간은 길게, 짧은 시간은 짧게
표시할 수 있어요.
시간이 지난 만큼 그림자도 지나가요.

교사 : 그럼 해시계의 시간은 어떻게 표시할 수 있을까?

유아 1 : 그냥 한 시간, 두 시간이라고 해요. 우리 마음대로 하면 되잖아요.

유아 2 : 그럼 사람들이 시간을 잘 알 수가 없잖아. 그런데 옛날 시계에도 숫자가 없어요.

유아 3 : 글자가 없었으니까 한자로 표시했어요. 그런데 한일, 두이, 이런 건 아니에요.

유아 2 : 그때 사람들의 표시로 시간을 정했어요.

유아 3 : 우리 해시계에도 우리의 표시로 시간을 정해요.

유아 1 : 나는 동물 시간이었으면 좋겠어요. 내가 좋아하는 동물로 시간 이름을 정해요. 토끼
　　　　시간, 병아리 시간.

유아 3 : 그럼 너무 재미있을 것 같아요.

유아 2 : 그럼 그 시간은 어떻게 정할 수 있니?

유아 1 : 우리가 유치원에 있는 시간을 나누어요. 우리 팀 친구들이 다섯 명이니까 다섯으로 나
　　　　누어서 동물 이름을 정해 주어요.

유아들의 의견에 따라 해시계를 제작하고 유아들이 유치원에서 지내는 시간을 측정하여 5등분 하였다. 유아들이 좋아하는 동물들의 이름을 붙이고 상징을 만들어 그림으로 그려 깊은바다반 해시계팀의 해시계를 완성하였다.

유아들이 정한 해시계의 시간 그림

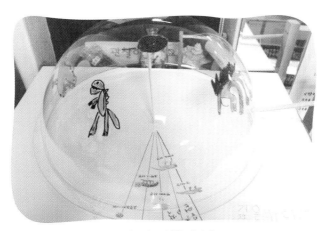

유아들이 구성한 해시계

3) 물시계팀

(1) 탐색하기

자격루

물시계팀의 경우 자격루가 직접적으로 관찰하기 어려운 대상이어서 탐색의 과정에 어려움이 있었다. 직접 사물을 탐색하지는 못하였지만 컴퓨터와 서적, 그림 자료 등을 통해 물시계의 생김새와 특징들을 알아보는 시간을 가졌다.

유아들은 물시계에도 우리가 생각하는 시계가 있는 것이 아니라 물통과 같은 것으로 시계가 이루어져 있다는 사실에 놀라워하였으며 이러한 물시계로 어떻게 시간을 측정할 수 있을지 궁금해하였다. 탐색의 과정을 통해 물시계의 원리(물이 모여 그 양으로 인해 시간을 표시한다)는 어느 정도 이해하였지만 물의 양과 시간과의 관계, 시간을 알려 줄 수 있는 방법 등에 대한 의문점은 해결할 수 없었다. 다양한 도구와 물을 이용한 활동으로 이러한 유아들의 의문점들을 해결해 보기로 하였다.

(2) 발명품이 만들어진 방법 예측해 보기

물시계팀 유아들은 일정한 통에 물을 부어 놓으면 시간을 알려 줄 것이라고 생각하였다. 따라서 통에 물을 부어서 만든 것이 물시계이며 우리도 통을 만들어 물시계를 만들 수 있다고 생각하였다.

물시계팀 유아들은 위와 같이 물의 양과 시간의 양이 관계있을 것이라고 생각하여 물시계를 만드는 방법들을 예측하였지만 물의 양을 측정하는 방법, 시간의 표시 방법, 물의 양 조절 방법 등에 대해서는 알지 못하였다. 다양한 도구와 물을 이용한 실험활동, 물의 양과 시간의 양의 관계 등을 알아보는 실험을 통해 물시계가 만들어진 원리를 보다 정확하게 이해할 수 있었다.

물시계의 작동원리에 대해 예측해 보았어요

(3) 우리가 계획하여 옛 발명품 구성해 보기

물시계를 구성해 보기 위해 물과 다양한 도구를 이용한 탐색활동이 이루어졌다. 처음에는 물이 떨어지면 무조건 한 시간, 두 시간이라고 이야기하던 유아들이 자신들의 생활 속에서 한 시간의 개념을 다시 한 번 되돌아보면서 시간의 양에 대해 인식하였고 물의 양과 연결하여 생각해 보는 모습이다. 물의 양을 조절하거나 도구를 조절하여 물이 떨어지는 속도, 시간의 변화 등을 알아볼 수 있었으며 물의 양과 시간의 양의 관계에 대한 개념을 형성할 수 있었다.

유아 1 : 그냥 이만큼은 한 시간. 이만큼은 두 시간.

유아 2 : 그런데 이상하다. 한 시간은 이렇게 짧지 않은데….

유아 3 : 그런데 우리가 유치원에서 놀이하는 시간이 세 시간인데…. 너무 짧아요. 한 시간 동
안 물이 떨어지려면 물이 많이 있어야겠어요.

유아 2 : 아니면 물이 천천히 떨어지던가….

유아 3 : 물통이 크면 좋겠어요.

유아 1 : 물통이 너무 크면 시계가 커지잖아.

유아 3 : 그럼 물이 떨어지는 구멍을 작게 해요. 그럼 조금씩 떨어지니까 물이 조금만 있어도
긴 시간을 잴 수 있을 것 같아요.

물통을 이용하여 시간을 측정하는 유아들

① 물시계의 시간 표시하기

유아 1 : 이 이만큼 떨어지면 작은 시간….

유아 2 : 많이 떨어지면 많은 시간….

유아 3 : 엄마 따라 찜질방 갔을 때 모래시계가 있었는데 뒤집어 놓고 다 되면 밖으로 나가요.

유아 1 : 하지만 찜질방 한번 들어갔다 나오는 시간은 아닌데….

유아 3 : 떨어지는 것을 보니까 다 떨어지면 3분이 지나요. 그럼 3분이겠죠?

유아 1 : 그런데 옛날에는 모래가 떨어지는 것을 보고 몇 분이라고 이야기할 수 있는 시계는
없었는데….

유아 2 : 그럼 한 시간, 두 시간이라고 하지 않아도 될 것 같아요. 그냥 우리가 정하면 되잖아요.

유아 3 : 우리의 시간으로 한 물시간, 두 물시간, 이상하다!

유아 1 : 시간에도 예쁜 이름을 지어 주어야겠다.

해시계팀과 같이 물시계팀 유아들도 얼만큼의 물의 양을 어떤 시간이라고 할 것인지에 대해 혼란스러워하였다. 지금의 시계를 생각하여 물 한 시간, 물 두 시간이라고 이름 짓던 유아들은 자신들이 좋아하는 물과 관련된 동물들의 이름으로 물시계의 시간을 표시하고자 하였다. 물시계팀 유아들은 고래 시간, 가오리 시간 등의 이름과 눈금을 정하였다.

② 유치원의 생활을 표시할 수 있는 물시계 만들기

유아 1 : 물이 아주 많이 필요할 거야! 그리고 구멍은 아주 작게….
유아 2 : 유치원에서 있는 시간은 정말 긴 시간이거든. 그런데 얼만큼 넣어야 할까? 이만큼?
유아 1 : 유치원에 있는 동안 물시계를 보고 있다가 집에 갈 때 떨어진 물만 쓰자!
유아 2 : 그럼 딱! 유치원에서 있는 만큼의 물이 될 것 같아!

시간의 이름을 정한 뒤 유아들에게 얼만큼의 물을 물시계에 넣을 것인지가 큰 문제가 되었다. 유아들은 유치원에 우리가 있는 동안의 시간을 물시계로 표시하기를 원하였는데 물통의 크기, 구멍의 크기, 물의 양 등 고려해야 할 부분들이 많았다.

유아들은 페트병에 가득 물을 넣고 가장 작은 구멍을 뚫은 뒤 물이 내려가는 모습을 관찰하면서 유치원에 있는 동안 받아지는 물만을 사용하기로 하였다. 물의 양과 시간의 관계를 분명하게 인식하고 있으며 그 양이 변화하지 않고 동일한 시간을 표시할 수 있다는 것도 이해하고 있었다. 이러한 유아들의 생각에 따라 깊은바다반 물시계팀의 시계가 완성되었다.

유아들이 구성한 물시계

5. 우리가 만든 옛 발명품을 사용해 보아요

1) 한지와 놀이하기

유아들과 실험, 관찰, 측정 등의 과정을 통해 옛 발명가들처럼 구성하게 된 한지, 해시계, 물시계를 우리 유치원 생활 속에서 사용해 보았다. 이는 유아들이 자신들이 발명한 것에 대한 자부심을 느끼고 일상생활에서 발명품들이 어떤 영향을 미치는지 유아들이 직접 경험해 볼 수 있는 기회가 되었다.

한지는 언어 영역과 미술 영역에 항시 비치하여 두고 색종이나 도화지처럼 유아들이 언제라도 가져가 사용할 수 있도록 하였다. 유아들이 직접 만든 한지는 친구들에게 편지를 쓰거나 카드를 만들 때 주로 사용하는 종이가 되었으며, 유아들이 한지로 책을 만드는 모습도 볼 수 있었다. 한지를 만들어 보는 과정은 한지에 대한 아름다움을 느낄 뿐 아니라 물질의 물리적 변화과정을 통한 과학적 지식을 일상에서 사용할 수 있는 의미 있는 활동이 되었다.

해시계와 물시계는 교실의 한 영역에 비치되어 유아들이 일상생활에서 자신들이 만든 시계로 시간을 측정하고 표현할 수 있도록 하였다. 특히 교사도 정리시간, 전이시간을 알릴 경우 해시계나 물시계의 시간으로 알려 유아들이 더욱 성취감을 느낄 수 있도록 하였다. 처음에는 해시계와 물시계의 시간이 달라서

 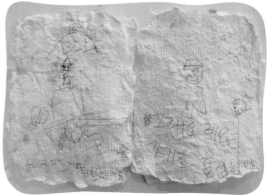

유아들이 직접 만든 한지를 이용하여 구성한 책

혼란스러워하던 유아들도 그 차이를 이해하게 되었으며 시간의 양에 있어서의 차이, 해시계와 물시계의 시간 기록의 차이 등에 대해서도 인식하고 공유하는 기회가 될 수 있었다.

2) 시간과 놀이하기

유치원 일상생활에서 자신들이 만든 해시계와 물시계를 이용하던 유아들은 특히 우리의 눈에 보이지 않는 시간이라는 것을 눈으로 보이게 만들 수 있는 시계의 역할에 대해 큰 의미를 가지게 되었다. 이러한 유아들의 생각을 보다 확장하고 창의적으로 생각해 보는 경험을 가져 보기 위해 나만의 시계를 구성해 보았다.

 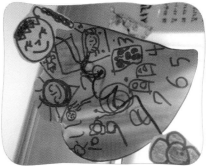

유아들이 구성한 내가 갖고 싶은 시간의 표상물

먼저 유아들과 시간의 의미에 대해 이야기를 나누고 우리가 가지고 싶은 시간을 구성해 보는 활동을 전개하였다. 유아들은 자신들이 하고 싶은 일들로 가득한 시계를 구성해 보면서 원하는 데로 시간을 구성한다는 것의 즐거움을 느낄 수 있었다. 유아들은 자신들이 원하는 먹기, 놀기, 컴퓨터 하기, 텔레비전 보기, 밖에서 놀기 등을 표현하기도 하였으며 몇몇 여아들은 자신의 생활계획표를 시계에 옮겨 놓는 것으로 표현하기도 하였다.

이러한 활동은 눈에 보이지는 않지만 우리와 밀접하게 관계를 맺고 있으며 한번 지나가면 되돌리지 못하는 시간의 의미, 중요성 등을 느껴 보도록 하는 기회가 되었다.

또한 과학 영역에서는 우리가 한 시간, 두 시간, 1분, 5분이라고 이야기하는 시간의 양을 측정하기 위해 5분 동안 할 수 있는 일들을 예측해 보고 직접 실험

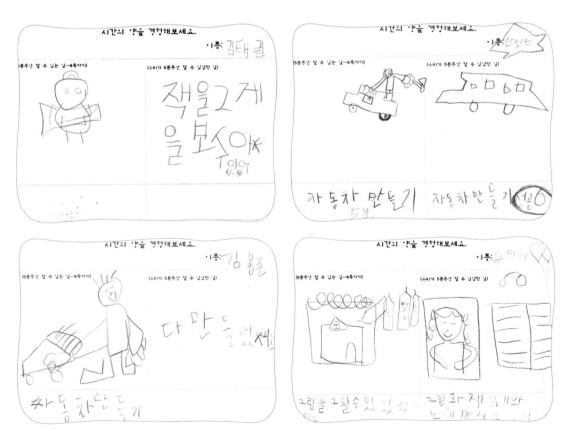

시간의 양에 대한 경험을 기록한 실험기록지

을 통해 경험하며 5분의 길이를 알아보았다. 유아들은 5분이라는 시간이 자신들이 하고 싶은 일을 모두 하기에 짧기도 하고 길기도 하다며 시간의 길이라는 것은 그 사람이 어떻게 느끼느냐에 따라 달라질 수 있음을 알 수 있었다.

유아 1 : 선생님! 왜 자유선택활동 시간은 눈 깜짝할 사이에 지나가요?

유아 2 : 왜 하기 싫은 공부를 하는 시간은 길기만 한 거예요?

유아 3 : 같은 한 시간인데…. 놀이하는 순서를 기다릴 때는 오랫동안 기다린 것 같고, 내가 놀이할 때는 너무 짧은 것 같고, 늘었다, 줄었다! 시간은 정말 신기하게 지나가는 것 같아요.

6. 옛 발명품의 소중함과 가치를 알아보아요

유아들이 관심을 가진 한지, 해시계, 물시계를 탐색하고 직접 구성해 보는 과정을 거치면서 유아들은 하나의 발명품이 만들어지려면 여러 사람들이 생각과 노력을 많이 해야 한다는 것을 알게 되었다. 또한 그러한 발명품이 그냥 만들어진 것이 아니라 생활의 불편함을 없애기 위한 사람들의 노력으로 발명된다는 것도 알게 되었다. 이러한 발명품이 우리에게 미치는 영향과 의미, 가치에 대해 좀 더 민감하게 느껴볼 수 있도록 옛 발명품과 우리의 관계를 알아보는 시간을 가져보았다.

1) 옛 발명품이 없는 교실

유아 1 : 선생님 종이가 없으면 안 돼요….

유아 2 : 휴지까지 없으면 정말 화장실도 못 간다구요, 제발요.

유아 3 : 시계가 없으면 우리 집에 못갈 것 같아요. 그리고 간식은 언제 먹어요?

옛 발명품이 없었을 경우에 대한 유아들의 상상

종이가 없으면 사람들이 벽에 그림을 그려야 했을 것 같아요. 벽에 그림을 그리는 건 너무 힘들어요.

종이가 없으면 우리가 좋아하는 종이접기도 못하고, 그림도 못 그려요. 종이가 발명되지 않았다면 정말 큰일이었어요.

발명이 없어서 시계가 없었다면 사람들이 시간을 물어보러 다니느라 바빴을 것 같아요.

발명이 없었다면 발명을 하기 위해 어떤 사람은 생각을 했을 거예요. 왜냐하면 발명은 굉장히 중요하니까요.

시계와 종이, 두 가지 옛 발명품 없이 하루를 보내 보는 시간을 계획하였다. 유아들은 처음에는 발명품이 없어진다면 단순히 불편할 것이라고만 예상하였는데 실제로 하루를 시계와 종이 없이 보내면서 많은 어려움들을 겪게 되었다.

시간을 알지 못해 놀이를 언제까지 해야 할지 모르거나 간식을 너무 늦게 먹기도 하고, 종이가 없어 그림 그리기나 종이접기와 같은 놀이를 하지도 못하였으며, 친구들에게 편지도 보낼 수도 없었다. 이러한 짧은 시간 동안의 경험으로도 유아들은 충분히 발명품의 소중함과 발명의 가치에 대해 알 수 있었다. 유아들은 발명이라는 것이 없었다면 불편하게 살게 되었을 것이라며 사람들이 노력하고 많이 공부하고 연구하는 발명의 과정이 매주 중요함을 알게 되었다.

이 세상에 발명품이 없었으면 어떻게 되었을지에 대해 유아들과 함께 이야기를 나누며 그림으로 표상해 보는 시간을 가졌다. 유아들은 모두 울고 있는 모습이나 힘들어하는 모습을 표현하며 발명품이 발명되지 않았을 때의 어려움을 표현하였고, 몇몇 유아들은 발명을 하려고 애쓰는 사람의 모습을 그림으로 그리며 발명품이 없다면 발명을 하기 위해 노력하는 사람들이 있을 것이라고 생각하기도 하였다. 발명품과 발명가의 관계에 대해 유아들이 조금씩 인식하고 있음을 알 수 있다.

2) 발명품을 소중하게 다루어요

이렇듯 발명과 발명품의 소중함에 대해 이야기를 하던 유아들은 옛날 사람들이 귀하게 발명한 발명품들을 우리가 소중하게 사용해야 한다는 이야기를 하였다. 특히 유아들은 종이가 정말 우리에게 필요하다며 종이를 아껴 써야 한다는 이야기를 하였는데 종이를 한 장 만들기 위해 우리가 했던 힘든 과정들을 회상하며 종이의 중요성을 이야기하였다.

이렇게 시작된 활동은 유아들과 종이를 아껴 쓸 수 있는 방법들에 대해 생각해 보고 실천하는 '깊은바다반의 종이는 숲이다' 활동으로 계획되어 진행되었다. 유아들은 종이를 아껴 쓸 수 있는 방법으로 못 쓰는 종이, 자르고 남은 종이 등을 모아서 다시 종이를 만들자며 종이 쓰레기를 모으는 통을 만들기를 원하였다. 그렇게 모아진 종이 쓰레기를 다시 종이로 만들어 사용하여 종이를 아껴 쓰는 생활을 실천하였으며, 이는 주제 전개가 끝난 뒤에도 지속적으로 전개되어 유아들의 기본 생활습관 향상에도 도움을 주었다.

유아 1 : 종이를 만드는 것은 정말 힘들어요.
유아 2 : 종이를 한 장 만들려면 정말 많은 닥나무가 필요해요. 한 그루에서 종이 한 장 정도 나올지도 몰라요.
유아 3 : 그러니까 종이를 정말 아껴 써야 해요.
유아 4 : 종이는 나무니까요. 아니 나무가 더 많이 있으니까 숲이라고 해요. 종이는 숲이니까 정말 아껴 써야 해요.

종이를 아껴 쓰는 방법을 실천하는 유아들

7. 우리도 미래의 발명가가 될 수 있어요

1) 발명품의 발전과 변화

발명이 우리에게 미치는 영향에 대해 알아보고 발명의 가치와 의미를 이해하면서 유아들은 이렇게 소중한 옛 발명품들이 왜 지금은 잘 사용되지 않는지에 대해 궁금해하였다. 한지보다는 색종이와 도화지를 사용하며, 해시계와 물시계가 아닌 전자시계를 사용하는 것을 통해 발명품들이 지금도 끊임없이 발전하고 있다는 것을 알게 되었다.

이러한 발명품의 변화과정에 대한 이해는 발명품의 발전이 우리 생활에 미치는 중요성에 대해 생각해 볼 수 있도록 하였으며, 발명품이 옛날에 발명된 것에만 그치는 것이 아니라 지금도 계속 발명이 이루어지고 있으며 이러한 발명품들은 미래의 사람들에게 영향을 미칠 수 있음을 알게 되었다.

유아 1 : 선생님 해시계가 고장 났어요.

교사 : 무슨 말이니?

유아 1 : 해가 없어져서 시간을 알 수가 없어요.

유아 2 : 옛날 사람들도 비오는 날에는 시간을 몰랐을 것 같아요. 그리고 밤에도요.

교사 : 그럼 옛날 사람들은 어떻게 지냈을까?

유아 2 : 시간이 알고 싶었을 것 같아요.

유아 1 : 그래서 물시계를 만든 게 아닐까요? 해가 없어도 되잖아요….

유아 2 : 그리고 시계가 계속 달라져요. 해시계, 물시계가 좀 불편하니까 사람들이 편하게 쓸 수 있도록 다른 시계를 만들었어요.

유아 1 : 그래서 해가 없어도, 물이 없어도 우리는 시간을 알 수 있어요.

유아 2 : 발명품도 새로운 발명품이 나오면 계속 계속 달라지나 봐요.

2) 발명은 우리에게 도움을 주어요

발명품의 발전과 변화과정을 통해 발명이 옛것에서 머무는 것이 아니라 지금도 발명은 계속되고 있으며 우리도 발명가가 될 수 있다는 생각을 하게 되었다. 유아들과 발명과 발명가의 의미에 대해 구체적으로 이야기를 나누면서 우리 모두 미래의 발명가가 될 수 있음을 알게 되었다.

발명은 왜 하는 걸까?

교사 : 발명은 왜 하는 것일까?

유아 1 : 우리가 죽고 다음에 편하게 살 수 있게요. 그리고 우리도 편하게 살고요.

유아 2 : 우리가 태어나기 전에도 발명을 했는데 그래서 우리가 편하게 살 수 있어요.

유아 3 : 사람들이 시계가 있어서 시간을 아는 것처럼요.

발명은 어떻게 하는 걸까?

교사 : 그럼 발명은 어떻게 하는 걸까?

유아 1 : 발명하는 사람이 만들어요.

교사 : 발명하는 사람은 어떤 사람이니?

유아 2 : 뭘 만드는 사람, 연구하는 사람이요.

교사 : 발명하는 사람은 어떻게 해야 할까?

유아 1 : 생각을 잘해야 해요.

유아 2 : 유명해야 해요.

유아 3 : 생각을 잘하고 잘 만들어야 해요.

발명가가 되고 싶은 우리

교사 : 그럼 너희는 발명가가 될 수 있니?

유아 1 : 그럼요.

유아 2 : 우리들도 생각을 잘하고 많이 하면 할 수 있어요.

교사 : 그런데 무조건 생각만 많이 하면 발명가가 되는 걸까?

유아 2 : 필요한 것들을 생각해 봐야 해요.

유아 1 : 그리고 다른 사람이 힘들다고 해도 계속 생각하고 알아봐요.

유아 2 : 그리고 틀려도 계속 계속 생각해요.

유아 3 : 선생님! 발명가들의 머릿속은 엄청 클 것 같아요. 자꾸 자꾸 생각하니까요.

유아 1 : 우리도 발명가처럼 생각하면 생각이 커질 것 같아요. 생각은 자꾸 할수록 커지니까요.

3) 우리는 미래의 발명가

유아들은 발명과 발견이 지금도 계속 이루어지고 있으며 지금도 생활의 불편함을 해소하기 위해 발명이 매우 중요함을 알 수 있었다. 또한 다른 사람이 아닌 우리가 미래의 발명품을 만드는 발명가가 될 수도 있음을 알게 되었다. 이러한 과정은 유아들에게 매우 흥분되는 과정이었다. 옛 발명가들의 위대함과 중요성에 대해 잘 알고 있는 유아들은 자신들이 바로 그런 사람이 될 수 있다는 것에 큰 의미를 가졌으며 자신들도 미래의 발명가가 되어 보기를 원하였다.

유아 1 : 옛날 사람들은 많은 발명품들을 만들었어요. 한지, 해시계, 측우기, 거북선, 물시계, 기와, 짚신, 거중기….
유아 2 : 힘들지 않고 편하게 살기 위해서 많은 생각을 하고 열심히 노력해서 발명품을 만드는 사람을 우리는 '발명가' 라고 해요.
유아 3 : 발명가가 없었으면 발명품도 없었을 거예요. 힘들면 그걸 해결하기 위해 조금 더 생각하는 사람, 그런 사람이 발명가예요.
유아 4 : 좀 더 많이 생각해 보고, 다른 사람들이 생각하지 않은 것에 대해 궁금해하고…. 우리는 그런 발명가를 닮고 싶어요.

이러한 유아들의 생각에 따라 미래의 발명가로서 우리가 직접 발명을 해 보는 과정들을 경험해 보기로 하였다. 직접 생활에서 사용되는 발명품은 아니지만 자유롭게 생각을 확장하고 다양한 재료로 자신들의 생각을 표현해 봄으로써 유아들은 사고의 폭을 넓히고 창의력을 높이는 기회를 가질 수 있었다.

(1) 계획하기

유아들과 어떤 발명품을 만들고 싶은지를 이야기 나누었다. 청소를 도와주는 로봇, 바퀴 없이도 갈 수 있는 자동차, 생각만 하면 다 찾아 주는 컴퓨터 등 유아들은 자신들에게 필요한 것, 자신들이 가지고 싶은 것을 생각하여 다양한 발명품들을 계획하였다. 특히 이 과정에서 3~4개의 발명품을 계획하는 유아들도 있었는데 발명이 유아들에게 흥미로운 과제임을 알 수 있었다.

유아들이 계획한 발명품인 미래의 자동차와 청소 로봇

(2) 자료와 소재 수집하기

유아들과 우리가 계획한 발명품을 구성하기 위해 필요한 재료들을 계획하고 수집하였다. 유아들은 자신들이 그린 설계도에 따라 필요한 자료들을 생각해 내었고 유치원에서 구할 수 있는 것과 집에서 가져와야 하는 것을 구분하여 준비하였다. 가정에서의 협조로 다양한 재료들이 수집되어 유아들의 발명품 구성하기 과정이 쉽게 이루어질 수 있었다.

(3) 발명품 제작하기

지속적으로 자신의 발명품을 구성하는 시간을 가졌다. 한 시간의 활동으로 마무리하는 유아들도 있었지만 며칠에 걸쳐 수정하고 다시 만들며 최선을 다하는 모습을 볼 수 있었다. 또한 친구들이 만든 발명품을 소개하고 공유하는 과정에서 처음 발명의 과정에 잘 참여하지 않았던 유아들도 흥미를 가지고 참여하며, 자신들의 발명품을 위한 재활용품을 요구하기도 하면서 적극적으로 발명의 과정에 참여할 수 있었다.

발명품을 제작하고 있는 유아들

 유아들이 제작한 발명품

나! 발명가 변진우,
알아서 청소해 주는
로봇을 발명했어요.

나! 발명가 김용준,
생각만 하면 들어 주는
컴퓨터를 발명했어요.

나! 발명가 최효진,
시원한 물을
계속 마실 수 있는
정수기를 발명했어요.

나! 발명가 신경원
바퀴 없이 달리는
자동차를 발명했어요.

8. 깊은바다반 발명품 전시회와 '장영실상' 시상식을 해요

유아들과 자신들이 발명한 발명품을 친구들에게 소개하고 서로의 새로운 생각
에 대해 이야기를 나누며 격려해 주는 시간을 가졌다. 유아들은 친구들이 만든
발명품을 통해 내가 가지지 못했던 생각들을 공유할 수 있었으며, 나와 같은 생
각이지만 다른 재료로 표현되기도 하는 발명품을 보며 생각의 폭을 넓힐 수 있
었다. 이러한 과정에서 멋진 발명품을 만들어 사람들에게 좋은 영향을 미친 발
명가에게 상을 준다는 것을 알게 되었다. 특히 유아들이 친숙하게 느끼는 옛 발
명가 '장영실'에 대해 알아보면서 노벨상처럼 우리나라에도 '장영실상'이라는
것이 있어 우리나라를 위해 훌륭한 발명품을 만든 발명가에게 상을 준다는 것
을 알게 되었고, 함께 장영실상 시상식을 계획해 보았다.

유아들은 장영실상이 지금은 유아여서 잘하지 못하지만 앞으로 더 잘할 수
있도록 주는 것이며 오래 생각하고 끝까지 생각하는 유아들에게 주는 상이었으
면 좋겠다고 이야기하였다. 또한 장영실이라는 사람이 힘든 환경에서 자랐지만
포기하지 않고 자신의 꿈을 이루어간 것에 대해 이야기하였으며 자신들도 힘들
고 어려운 생각들이지만 포기하지 않고 실패해도 끝까지 생각하고 공부하고 노
력하는 모습을 닮고 싶다며 장영실상의 의미를 부여하였다. 이러한 유아들의
생각을 담아 상을 계획하였으며 시상식도 진행해 보기로 하였다.

> 유아 1 : 장영실상은 포기하지 않고 끝까지 노력해서 받는 거야.
> 유아 2 : 발명품을 잘 만든 것도 중요하지만 생각을 많이 해야 받을 수 있어.
> 유아 3 : 나중에 커서 장영실, 노벨 같은 발명가가 되어도 멋있을 것 같아.

유아들과 발명품의 전시회를 진행하였으며, 깊은바다반의 장영실상을 직접
수상해 보는 시간도 가졌다. 진짜 발명품도 아니고 진짜 메달도 아니었지만 친
구들을 격려하는 모습들 속에서 미래 과학자들의 모습을 엿볼 수 있었다. 전시
장으로 꾸며 놓은 곳을 함께 둘러 보고 친구들의 발명품을 감상해 보는 시간을

가졌다. 유아들은 친구들의 발명품에도 관심을 가지고 살펴보았으며 시상식을 통해 자신들의 발명품에 대한 성취감을 느낄 수도 있었다.

우리가 구성한 발명품의 전시회와 장영실상의 수상식으로 주제가 마무리되었다. 유아들은 자신들이 미래의 과학자가 된 것 같다며, 발명가들처럼 많이 생각하고 어려워도 포기하지 않는 마음을 가져야겠다고 하였다. 옛 발명품의 자취를 따르며 어느덧 발명가의 모습에 한발 다가가 성장해 있는 유아들의 모습을 볼 수 있었다.

유아들이 제작한 장영실상의 메달

발명품 전시회와 장영실상 수상식 모습

과학은 언제나 놀라운 일들을 가능하게 한다. 이러한 과학의 역사는 언제부터 시작되었을까? 우리 겨레의 과학은 먼 선사시대에 사람들의 생활과 함께 시작되었다. 특히 발명은 없었던 어떤 물건을 새로 만들어 내거나 새로운 생각과 발상으로 신기술을 개발하여 인간 생활을 이롭게 하는 창작물을 만드는 것을 말하는 것으로 먼 옛날부터 지금까지 사람들은 끊임없이 좀 더 나은 생활을 위해 발명을 하고 발명품의 혜택을 받으며 살아가고 있다.

우리에게는 지금의 생활을 가능하게 해준 옛 발명품들이 있다. 훈민정음, 자격루, 측우기, 거북선 등의 널리 알려져 있는 발명품뿐 아니라 우리의 일상생활에 녹아 사용되고 있는 다양한 옛 발명품들도 지금 우리 생활을 더욱 편리하고 윤택하게 만들어 주는 역할을 한다.

이러한 옛 발명품을 교육 주제로 다루어 보는 것은 발명품이 만들어지는 과정을 통해 발명품의 다양한 과학적 원리를 이해할 수 있는 기회를 주었다. 현대의 복잡한 과학 기술이 아닌 단순하고 간단한 옛 발명품을 통해 과학원리를 이해할 수 있어 더욱 효과적이었다.

'미래를 여는 옛 발명품' 주제는 옛 발명품이 우리에게 미치는 영향에 대해 이해하고, 우리가 지금의 문제를 해결하기 위해 가지는 생각의 변화, 작은 노력이 미래에 큰 영향을 주게 됨을 알아보기 위해 계획되었다.

유아들은 다양한 발명품을 탐색해 보고 자신이 가지고 있는 발명품에 대한 의문점들을 해결하며 옛 발명가처럼 발명품을 만들어가는 과정에서 "우리가 이 발명품을 만들게 된다면 정말 멋진 경험을 하는 거야."라고 이야기하였다.

옛 발명품에 대해 알아보고 나의 발명품을 스스로 계획하여 만들어 보는 과정은 과학적 원리의 이해뿐 아니라 발명품이 발명가의 시행착오와 노력으로 이루어진 것임을 이해하고, 스스로 발명가처럼 생각하고 실천해 보는 경험을 할 수 있게 하였다. 또한 작은 것도 지나치지 않고 관찰하며, 해결방법을 스스로 생각해 보고 노력해 보는 발명가로서의 소양을 유아들이 기를 수 있도록 하는 기회가 되었다.

발명은 사람들을 편리하게 해주는 것이 발명이에요.
사람들이 힘들어하는 것, 어려운 것을 도와주기 위한 발명을 하고 싶어요.
우리가 이야기하는 것을 모두 들어주는 로봇,
우주로 여행갈 수 있는 우주선,
바퀴가 없어도 빨리 가는 자동차.
이런 발명들을 많이 하면 사람들이 모두 편리하게 살 수 있을 것 같아요.
우리가 도와주어요.
생각만 해도 즐거워요.
우리가 어른이 되면 더 많은 발명을 할 수 있을 거예요.
지금은 우리 반 친구들을 위한 발명을 해 봐요.
우리가 좀 더 편리하게 생활할 수 있도록.
그럼 우리의 생각도 자랄 수 있어요.

　　발명을 위해서는 수많은 시행착오의 창의적 노력이 있어야 한다. 옛 조상들이 거쳐
온 발명의 과정을 유아들과 함께 경험하면서 과학적 사고를 넓힐 수 있었을 뿐 아니라
우리 조상의 지혜와 용기, 도전정신을 배울 수 있었다.

한 권의 책을 마치기까지 많은 어려움이 있었지만 새로운
이야기를 쏟아 내는 아이들을 보며 힘을 내었습니다.
못다한 이야기들에 아쉬움이 남지만 저희 반 어린이들과 함
께 한 이야기가 작은 울림이 되어 주었으면 좋겠습니다.
끝으로 저에게 항상 힘이 되어 주고 위안이 되어 주는 내
삶의 비타민 C, 아이들에게 사랑을 전합니다!!!

2008년 여름
깊은바다반 교사 손지현

III

교사를 위한
교육활동안

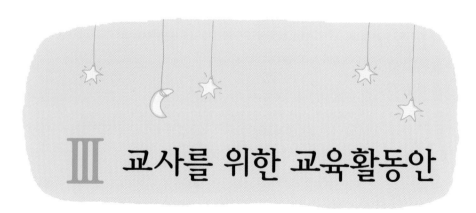

Ⅲ 교사를 위한 교육활동안

1) 교육활동안 : 옛 발명품 알아보기 1

활동명	옛 발명품이란?	대상 연령	만 5세
		활동 영역	이야기 나누기
교육 목표	옛 발명품에 관심을 가지고 옛 발명품의 특징을 알아본다.		
활동 자료	옛 발명품 사진 자료, 옛 발명품의 모형 자료 등		
활동 내용	1. 옛 발명품에 대해 알고 있는 것을 이야기 나누어 본다 교사 : 너희들이 알고 있는 옛 발명품에는 어떤 것들이 있니? 옛 발명품들 중에서 알고 있는 것들은 어디서 보았니? 옛 발명품들을 직접 만져 보거나 사용해 본 적이 있니?		

활동 내용	2. 옛 발명품의 사진이나 모형 자료를 보며 옛 발명품의 특징에 대해 알아본다 교사 : 이것이 무엇이니? 　　　색이나 모양은 어떻니? 어떤 재료로 만들어진 것 같니? 　　　직접 보거나 사용해 본 적이 있니? 　　　어디에서 사용하는 것 같니? 　　　이건 어떻게 만들어졌을까? 　　　이걸 보고 어떤 생각이 들었니? 3. 교사가 소개한 것 이외에도 다양한 옛 발명품에 대해 이야기를 나누어 본다 교사 : 선생님이 보여준 것 이외에 어떤 옛 발명품들이 있을까? 유아 : 꼬마야 꼬마야, 고무신이요. 　　　꼬마야 꼬마야는 아닌 것 같아요. 그건 노는 거지 물건이 아니잖아요. 교사 : 그럼 옛 발명품은 어떤 것을 이야기하는 것이라고 생각하니? 유아 : 옛날에 만들어진 거요. 　　　옛날 사람들이 쓰던 거요. 　　　물건들이 발명품일 것 같아요. 놀이나 생각은 아니에요. 4. 활동이 끝난 뒤 느낀 점에 대해 이야기한다 교사 : 여러 가지 옛 발명품을 보았는데 어땠니? 　　　옛 발명품이 어떤 것인지 알 수 있었니? 　　　우리 주변에서 또 다른 옛 발명품을 찾아보자.
평 가	옛 발명품들은 우리의 주변에서 흔히 사용되기도 하지만 지금은 변형되어 사용되는 경우가 많고, 그 특성상 옛날에 발명된 것인지, 우리나라에서 발명된 것인지를 유아들이 정확하게 알기 어려운 경우가 많았다. 따라서 유아들이 관심을 가질 수 있으며 역사적 · 문화적으로 가치 있는 옛 발명품을 선정하여 유아들에게 소개해 주며 옛 발명품의 의미와 특징들에 대해 다루어 보는 것은 주제 전개 초기에 이루어져야 할 중요한 활동이 되었다.

2) 교육활동안 : 옛 발명품 알아보기 2

활동명	옛 발명품 책 만들기	대상 연령	만 5세
		활동 영역	언어

교육 목표	• 발명품의 특징을 이해하고 글과 그림으로 표현해 본다. • 옛 발명품에 대한 정보를 모으고 책으로 구성해 보는 경험을 가진다.
활동 자료	옛 발명품 사진 자료, 책 만들기를 할 수 있는 종이, 필기도구
활동 내용	1. 옛 발명품에 대해 이야기 나누기를 통해 알게 된 사실들을 회상해 본다 　교사 : 우리가 알고 있는 옛 발명품들은 어떤 것들이 있니? 　　　　생김새는 어땠니? 어디에서 사용하였니? 어떻게 발명된 거니? 2. 옛 발명품 책을 만들기 위한 자료들을 소개하고 활동 방법을 알려 준다 　교사 : 여기 옛 발명품 사진들이 있지? 이 사진들과 종이로 책을 만들어 볼 거야. 　　　　너희들이 원하는 사진을 골라서 붙이고 사진의 발명품을 설명하는 글 　　　　과 그림을 그려서 책을 만들어 보자. 　　　　책은 종이를 접어서 별 모양이 되는 책을 만들어 볼 거야. 3. 옛 발명품에 대해 알게 된 것을 책으로 표현해 본다 　• 옛 발명품 사진 선정하기 　교사 : 마음에 드는 옛 발명품의 사진을 골라 보자. 　　　　좀 더 알아보고 싶은 발명품이 있으면 사진을 찾아보자. 　• 옛 발명품의 특징에 대한 자료 수집하기(서적, 컴퓨터 이용) 　교사 : 이 발명품에 대해 궁금한 것이 있으면 책이랑 컴퓨터를 찾아보자. 　　　　너희가 찾은 것을 그림과 글로 적어서 써도 되고 컴퓨터로 찾은 것 　　　　은 출력해서 붙일 수도 있단다. 　• 종이를 접어 책의 형태 만들기 　교사 : 종이를 접어 보자. 어떤 형태의 책이 되었니? 　　　　이 책을 이용하여 옛 발명품 책을 어떻게 만들어 볼 수 있겠니?

활동 내용	4. 유아들이 만든 책을 소개하고 공유하는 시간을 가진다 교사 : 어떤 옛 발명품 책을 만들었니? 　　　너희들의 책과 어떤 것들이 다르니? 　　　바꾸어 보고 싶은 부분은 없니? 유아 : 저는 해시계와 물시계가 있는 책을 만들었어요. 컴퓨터로 해시계와 물시계를 장영실이라는 사람이 만들었다는 것을 알아서 적었어요. 　　　저는 거북선 책을 만들었어요. 거북선의 모양을 사진으로 찾아서 붙이고 그림도 그렸어요. 5. 활동이 끝난 뒤 느낀 점에 대해 이야기한다 교사 : 옛 발명품 책을 어떻게 만들어 볼 수 있었니? 　　　옛 발명품 책을 만들어 보니 어떻니? 　　　더 알아보고 싶은 옛 발명품은 없었니? 6. 유아들이 만든 옛 발명품 책은 언어 영역에 전시하여 지속적으로 감상할 수 있음을 안내한다.
평 가	옛 발명품의 특징을 교사가 일방적으로 알려 주는 것이 아니라 유아들이 스스로 궁금한 특징들을 찾아보고 그 결과를 기록하는 것은 매우 효과적이었다. 또한 그 방법을 책 만들기(별북 만들기) 활동과 접목하여 진행함으로써 유아들의 관심과 참여를 높일 수 있었다. 글을 쓰는 것에 어려움이 있는 유아들의 경우에는 그림과 사진 자료를 충분히 이용할 수 있도록 교사의 격려와 도움이 필요하였다.

3) 교육활동안 : 옛 발명품 알아보기 3

활동명	옛 발명품이 되어 보아요	대상 연령	만 5세
		활동 영역	신체
교육 목표	• 옛 발명품의 특징을 알고 신체로 표현해 본다. • 다양한 표현을 통해 창의적 표현능력을 기른다.		
활동 자료	다양한 옛 발명품에 대한 PPT 자료 		
활동 내용	1. 옛 발명품의 특징에 대해 이야기해 본다 　　교사 : 발명품이 어떤 모양이니? 　　　　　왜 이런 모양으로 만들었을까? 　　유아 : 물레방아는 날개가 많이 있어야 잘 돌아갈 수 있어요. 　　　　　맷돌은 두 개가 같이 붙어 있어야 곡식을 갈 수 있어요. 　　교사 : 다른 모양이었으면 어떻게 되었을까? 　　유아 : 맷돌이 다른 모양이었으면 빙글빙글 돌리기가 더 힘들었을 것 같아요. 　　　　　발명품을 이렇게 만든 건 더 잘 쓸 수 있게 하기 위해서인 것 같아요. 2. 신체를 이용하여 발명품의 특징들을 표현해 본다 　　교사 : 물레방아는 어떻게 표현해 볼 수 있겠니? 　　　　　맷돌이 돌아가는 모습은 어떻게 표현해 볼 수 있을까? 　　　　　○○는 이렇게 표현해 보았구나. 　　　　　○○는 이렇게 하니까 정말 발명품의 모양 같구나. 　　　　　한 명씩도 해볼 수 있지만 친구와 함께 만들어 볼 수도 있을 것 같구나. 　　　　　어떻게 하면 더 멋진 발명품의 모양을 만들어 볼 수 있을까? 3. 유아들이 발명품을 표현한 방법들을 소개하고 공유하는 시간을 가진다 　　교사 : 어떻게 발명품을 몸으로 표현해 보았니? 　　　　　너희들이 표현한 발명품과 어떤 것들이 다르니? 　　　　　바꾸어 보고 싶은 부분은 없니? 　　　　　다음에 표현해 본다면 어떻게 할 수 있겠니?

4. 활동이 끝난 뒤 느낀 점에 대해 이야기한다

교사 : 여러 가지 발명품의 모습을 몸으로 표현해 보았는데 어땠니?
　　　발명품들의 모양이 다른 이유를 알 수 있었니?

활동 내용

평 가

여러 가지 발명품의 모양들은 발명품의 특징을 가장 잘 표현하고 있다. 이러한 모양의 특징들을 알아보고 몸으로 표현해 보는 것은 옛 발명품의 특징을 보다 구체적으로 이해하는 것에 도움이 되었다.

또한 다양한 모양들을 신체로 표현해 보는 과정에서 유아들은 창의적으로 표현하는 능력을 기르고 친구들과 함께 모양을 구성해가면서 서로 협동하는 태도도 기를 수 있었다.

4) 교육활동안 : 옛 발명품 알아보기 4

활동명	옛 발명품을 찾아서	대상 연령	만 5세
		활동 영역	수

교육 목표	• 옛 발명품의 쓰임새와 의미에 대해 알아본다. • 게임할 때 지켜야 할 약속을 알고 지켜서 놀이한다.
활동 자료	〈옛 발명품을 찾아서〉 수게임 교구
활동 내용	1. 옛 발명품의 쓰임새와 의미에 대해 알아본다 교사 : 옛 발명품은 어떤 일에 사용되었을까? 유아 : 이 한글은 우리가 글을 쓰고 동화책을 읽을 때 쓰려고 발명되었어요. 거중기는 무거운 물건을 들어올리기 위해 발명되었어요. 옛날에는 무거운 돌을 많이 들어야 해서 거중기 같은 도구가 꼭 필요했어요. 교사 : 옛 발명품이 발명되지 않았다면 어떻게 되었을까? 유아 : 종이가 없었다면 우리는 그림도 못 그리고, 종이접기도 할 수 없어요. 한글이 없었으면 나는 지금 말도 못하고 편지도 못쓰고…. 우리가 지금 이렇게 게임도 할 수 없었을 것 같아요. 2. 준비한 〈옛 발명품을 찾아서〉 교구를 유아에게 보여 주고 게임방법에 대해 이야기한다 교사 : 어떤 것들이 있니? 어떻게 하는 게임일 것 같니? 3. 교구를 이용한 게임을 경험해 본다 게임방법 • 순서를 정한다. • 말과 카드 모으기 통을 정한다. • 주사위를 던져 나오는 그림을 보며 말을 앞으로 이동시킨다. • 말이 도착한 칸에 있는 사진의 옛 발명품 카드를 모아 가져간다. • 도적카드, 병카드 등의 칸에 도착하면 카드에 적힌 약속을 따른다. • 말이 도착하였을 때 가장 많은 카드를 가진 사람이 이긴다.

활동 내용	4. 게임이 끝난 뒤 느낀 점에 대해 이야기한다 교사 : 어떤 게임이었니? 게임을 하면서 어떤 것들을 알 수 있었니? 게임의 규칙 중에 바꾸어 보고 싶은 것은 없니?
평 가	옛 발명품의 쓰임새와 가치를 일방적으로 알려 주기보다 게임을 통해 경험하고 익힘으로써 유아의 관심과 참여가 높아졌다. 게임의 경우에도 만 5세 유아의 수준에 적절할 수 있도록 다양한 규칙을 사용하였다. 처음에는 조금 어려워하는 유아들도 있었으나 몇 차례의 경험을 통해 유아들이 더욱 즐겁게 게임활동에 참여할 수 있도록 하였으며, 매우 오랜 시간 동안 이 게임을 즐기도록 하는 이유가 되었다.

5) 교육활동안 : 옛 발명품 알아보기 5

활동명	발명품은 달라져요	대상 연령	만 5세
		활동 영역	조작

교육 목표	• 발명품의 발전과정을 이해한다. • 옛 발명품과 지금의 발명품과의 관계에 관심을 가진다.

활동 자료	〈발명품은 달라져요〉 교구

활동 내용	1. 발명품의 변화과정에 대해 이야기를 나눈다 　교사 : 옛 발명품이 지금도 많이 사용되고 있니? 　　　　그렇지 않다면 왜 그런 것 같니? 　　　　옛 발명품이 발전해서 지금은 다른 것으로 사용되고 있는 것은 어떤 　　　　것들이 있을까? 　유아 : 맷돌이요. 우리가 녹두전을 할 때 맷돌이 너무 무거웠는데 요즘에는 　　　　믹서를 많이 써요. 　　　　종이도 한지보다는 색종이, 도화지를 많이 써요. 2. 준비된 〈발명품은 달라져요〉 교구를 소개한다 　교사 : 어떤 것이 준비되어 있니? 　　　　이 사진은 무엇인 것 같니? 　　　　앞뒤 사진이 다른 이유는 무엇인 것 같니? 　유아 : 달라진 것 같아요. 앞의 그림은 옛날 거고 뒤의 그림은 지금 발명품이 　　　　에요. 　　　　거중기가 달라져서 지금은 포크레인 같은 걸로 물건을 들어요. 　교사 : 어떻게 하는 게임인 것 같니? 3. 교구를 이용한 게임을 경험해 본다 　교사 : 이건 어떤 그림의 조각인 것 같니? 　　　　이 그림은 어디에 놓아야 할까? 　　　　이 그림은 옛 발명품의 그림일까, 아니면 지금의 발명품의 그림일까?

활동 내용	4. 활동이 끝난 뒤 느낀 점에 대해 이야기한다 교사 : 교구로 어떤 게임을 할 수 있었니? 발명품의 퍼즐을 맞추어 보았는데 어땠니? 거중기와 해시계 이외에도 우리가 알고 있는 달라진 발명품은 어떤 것들이 있니? 다른 모양의 퍼즐도 만들어 보자.
평 가	발명품의 변화와 발전 모습을 알려 주기 위해 제작된 교구이다. 아크릴 통 속에 퍼즐을 넣어 유아들이 손쉽게 퍼즐을 맞출 수 있도록 하였다. 　앞면에는 옛 발명품의 모습을 사진으로 넣고 뒷면에는 현재의 발명품의 모습을 사진으로 넣었다. 앞이나 뒤를 정하여 한 면을 맞추면 뒷면이 함께 맞추어져서 한 면의 퍼즐을 맞춘 뒤 뒷면의 그림을 확인할 수 있었다. 거중기과 해시계 두 가지가 제작되었는데 유아들이 알고 있는 다양한 발명품의 모습을 직접 그리고 퍼즐로 맞춰 볼 수 있도록 하는 것도 의미 있을 것이다.

6) 교육활동안 : 옛 발명품 알아보기 6

활동명	옛 발명품 빙고	대상 연령	만 5세
		활동 영역	조작

교육 목표	• 옛 발명품의 다양한 종류에 관심을 가진다. • 규칙을 지켜 게임을 경험한다.

활동 자료	〈옛 발명품 빙고〉 게임판과 게임카드

<table>
<tr><td rowspan="2">활동 내용</td><td>

1. 여러 가지 알고 있는 옛 발명품들에 대해 이야기를 나눈다

   교사 : 어떤 옛 발명품들을 알고 있니?

         그 발명품은 어떤 모양이니? 누가 만들었을까?

         어떻게 발명된 발명품이니?

         그건 우리나라의 발명품일까? 아니면 다른 나라의 발명품일까?

         그건 옛날에 만들어진 것일까? 아니면 요즘 들어 만들어진 것일까?

         어떤 것을 옛 발명품이라고 할 수 있을 것 같니?

   유아 : 우리나라에서 만들어진 것이요. 중국이나 일본에서 만든 건 우리의 발명품이 아니에요.

         우리나라 사람이 만들고 우리나라 사람이 많이 쓰는 것이 우리의 발명품이에요.

2. 교구를 유아들에게 소개하고 활동방법에 대해 이야기를 나눈다

   교사 : 어떻게 하는 활동인 것 같니?

         교구의 카드와 게임판에 어떤 사진들이 있니?

         너희들이 알지 못하는 사진도 있니?

         어떤 발명품일 것 같니? 어떻게 사용하는 것일 것 같니?

</td></tr>
</table>

활동 내용	3. 규칙에 따라 친구들과 함께 게임을 경험해 본다 **게임방법** • 게임카드를 뒤집어 놓는다. • 순서와 자신의 게임판을 정한다. • 게임카드를 뒤집어 보고 자신의 게임판에 같은 사진이 있으면 카드를 가지고 와 게임판을 채운다. • 가장 먼저 게임판을 채운 사람이 이긴다. 4. 게임이 끝난 뒤 느낀 점에 대해 이야기를 나눈다 교사 : 어떤 게임이었니? 　　　게임을 하면서 어떤 것들을 알 수 있었니? 　　　게임의 방법 중 바꾸어 보고 싶은 것이 있었니?
평 가	옛 발명품은 많은 종류가 있다. 게임을 통해 다양한 발명품의 종류에 관심을 가질 수 있도록 하고 우리나라의 발명품들을 익히는 기회가 되었다. 사진을 사용하여 유아들이 보다 명확하게 옛 발명품의 모습을 알 수 있도록 하였다. 　게임을 진행하면서 발명품의 이름과 쓰임새 등에 대한 상호작용이 활발하게 이루어질 수 있도록 교사의 개입과 모델링이 필요하였다.

7) 교육활동안 : 옛 발명품 알아보기 7

활동명	옛 발명품으로 측정해요	대상 연령	만 5세
		활동 영역	과학
교육 목표	• 측정을 위해 발명된 옛 발명품에 관심을 가진다. • 다양한 측정하기 활동을 통해 과학적 개념을 익힌다. • 부피, 길이 무게의 개념을 알고 측정도구를 이용하여 측정할 수 있다.		
활동 자료	되, 홉, 약저울 		

활동 내용	1. 무게와 부피를 잴 수 있는 방법에 대해 이야기를 나눈다
	
	    교사 : 우리는 무게를 잴 때 어떤 도구를 사용하니?
	          그럼 저울이 없었던 옛날에는 어떻게 무게를 재었을까?
	          물의 양이나 곡식의 양은 어떻게 잴 수 있니?
	          옛날에도 비커와 같은 것이 있었을까?
	
	2. 교사가 준비한 옛 발명품을 소개하고 어떻게 사용하는 것인지 알아본다
	
	    교사 : 이것이 무엇일 것 같니?
	          어떻게 사용하는 것일까?
	          무엇을 측정하기 위한 도구일 것 같니?
	          이것은 지금의 무엇과 비슷한 것 같니?
	          이것의 이름은 되와 홉이란다. 사람들이 곡식의 양을 재기 위해 발명한 것이란다.
	          이것의 이름은 약저울이란다. 사람들이 무게를 재기 위해 발명한 것이란다.
	          이 되와 홉으로 어떻게 곡식의 양을 잴 수 있었을까?
	          이 약저울로 어떻게 무게를 잴 수 있었을까?		

<table>
<tr>
<td rowspan="2">활동 내용</td>
<td>

3. 측정을 위한 옛 발명품들을 직접 사용해 보고 그 특징들에 대해 이야기를 나눈다

    교사 : 이 홉과 되를 이용하여 모래의 부피를 재 보자.

          홉에는 얼마큼의 모래가 들어가니?

          되에는 얼마큼의 모래가 들어가니?

          홉과 되는 어떤 관계인 것 같니?

          약저울은 어떻게 사용하는 것 같니?

          이 추와 접시를 어떻게 사용하여 무게를 측정할 수 있었을까?

4. 새롭게 알게 된 사실들을 친구들과 공유한다

    교사 : 되와 홉은 어떤 도구였니?

          약저울은 어떤 것에 사용되는 옛 발명품이었니?

          되와 홉, 약저울로 측정을 해 보았는데 어땠니?

          지금 사람들도 되와 홉, 약저울로 곡식의 양과 무게를 측정한다면 어떻게 되었을까?

</td>
</tr>
<tr>
<td>

평 가

사진이나 모형 자료가 아닌 직접 옛 발명품을 만져 보고 사용해 보는 경험은 옛 발명품의 의미와 특징을 이해하는 데 매우 중요한 경험이었다. 특히 유아들의 과학적 사고를 돕기 위해 마련된 옛 측정도구는 유아들에게 측정의 의미를 이해할 수 있도록 하고 다양한 방법으로 측정활동을 경험할 수 있도록 하여 과학적 사고의 성장을 도울 수 있었다. 또한 옛 발명품이 소중하지만 사용방법이 어려운 것을 직접 경험을 통해 알아보면서 계속되는 발명의 의미와 가치에 대해 알아보는 기회가 되었다.

</td>
</tr>
</table>

8) 교육활동안 : 옛 발명품 구성하기 '종이' 1

활동명	한지를 이용한 종이등 만들기	대상 연령	만 5세
		활동 영역	조형

교육 목표	• 한지의 특성을 이해한다. • 여러 가지 한지를 이용하여 창의적으로 만들고 꾸며서 구성한다. • 다양한 조형작품을 통해 서로의 생각과 느낌을 나눈다.

활동 자료	다양한 한지, OHP 필름, 풀

활동 내용	1. 한지의 특성에 대해 이야기를 나누어 본다 교사 : 앞에 있는 여러 가지 한지를 살펴보자. 　　　색과 모양은 어떻니? 　　　한지의 느낌은 어떻니? 유아 : 부드러워요. 그리고 거칠거칠하기도 해요. 　　　빛이 비쳐요, 한지로 보면 밖이 보여요. 교사 : 우리가 사용하는 색종이, 도화지와는 어떻게 다르니? 유아 : 한지는 빛이 비쳐요. 그리고 색종이, 도화지랑 다르게 작은 구멍 같은 　　　것이 있어요. 그래서 빛이 비치는 것 같아요. 2. 한지를 이용한 구성하기 활동을 소개한다 교사 : 빛이 비치는 한지를 이용해서 종이등을 만들어 볼 거야. 　　　OHP 필름 위에 한지를 너희들 마음대로 어서 붙여 보렴. 　　　너희들이 원하는 모양을 만든 뒤 동그랗게 말아서 등을 만들어 보자. 3. 한지를 이용하여 구성하는 시간을 가진다 교사 : 찢어서도 붙여 보자. 길게도 만들고, 동그라미 모양도 만들어 볼 수 있 　　　겠다. 　　　한지를 찢어 보니까 느낌이 어떻니?

활동 내용

유아 : 한지는 잘 찢어지기도 하고 그렇지 않기도 해요.

　　　아주 아주 잘 찢어지지 않는 것도 있어요.

　　　찢어서 붙이니까 더 예쁜 것 같아요.

　　　그냥 종이를 찢은 것보다 한지를 찢은 것이 더 예뻐요.

교사 : 너희들이 만든 것을 라이트테이블 위에 올려 놓아 보자. 어떻니?

유아 : 빛이 비쳐서 더 예뻐요. 한지는 정말 예쁜 종이예요.

4. 구성한 것을 소개하고 서로 공유하는 시간을 가진다

교사 : 한지로 종이등을 만들어 보았는데 어땠니?

　　　더 필요한 재료는 없었니?

　　　친구들은 어떻게 등을 만들었니?

평 가

한지를 탐색하며 유아들은 한지가 작은 구멍들이 있어 빛이 비친다는 사실에 가장 큰 놀라움을 보였다. 이러한 한지의 특성을 좀 더 깊이 있게 느껴 보고 한지와 빛을 이용한 아름다운 작품을 구성해 보기 위해 종이등 만들기를 계획하였다. 가위를 사용하는 것이 아니라 찢기의 기법을 이용하여 등을 구성하여 더욱 독특한 작품을 구성할 수 있었으며 빛을 이용한 작품 전시로 유아들의 성취감도 더욱 높일 수 있었다.

9) 교육활동안 : 옛 발명품 구성하기 '종이' 2

활동명	다양한 종이 탐색하고 비교하기	대상 연령	만 5세
		활동 영역	과학

교육 목표	• 탐색하기 활동을 통해 종이의 특성에 관심을 가진다. • 다양한 종이의 특성을 비교, 관찰해 본다.

활동 자료	여러 가지 종이(한지, 머메이드지, 트레싱지), 종이의 특성을 기록할 활동지

활동 내용	1. 준비된 종이를 탐색해 본다 　교사 : 어떤 종이인지 알 수 있니? 　　　　종이들의 어떤 것이 같은 것 같니? 다른 것 같니? 2. 다양한 활동(찢기, 구기기, 말기 등)을 통해 종이의 특성을 알아본다 　교사 : 여기 있는 종이들을 마음대로 가지고 놀이해 보자. 　　　　찢거나 구겨 보고, 말아도 보면서 종이가 어떤 것 같은지 생각해 보자. 　　　　가장 잘 찢어지는 종이는 어떤 것이니? 　　　　가장 잘 구겨지는 종이는 어떤 것이니? 　　　　가장 잘 찢어지지 않는 종이는 어떤 것이니? 왜 그런 것 같니? 　　　　트레싱지만 비쳐서 볼 수 있니? 　　　　한지와 머메이드지, 트레싱지가 모두 어떤 것 같니?

	3. 탐색활동을 통해 알게 된 종이의 특성을 벤다이어그램을 이용해 기록한다.

교사 : 벤다이어그램을 본 적이 있니?
유아 : 과학캠프 때 해보았어요.
교사 : 어떻게 기록하는 것이었니?
유아 : 동그라미가 만나는 부분에는 두 개 똑같은 걸 적으면 되요.
교사 : 그럼 이 동그라미는 한지, 이 동그라미는 머메이드지, 이 동그라미는 트레싱지라고 하고 한번 기록해 보자.
한지의 동그라미에는 어떤 것을 써야 할까?
머메이드지와 한지가 만나는 곳에는 어떤 것을 적으면 좋겠니?

4. 마무리된 벤다이어그램을 보면서 종이의 특성에 대해 다시 한번 이야기를 나눈다

교사 : 한지와 트레싱지가 같은 것은 어떤 것들이 있었니? 다른 것은 어떤 것이 있었니?
한지와 머메이드지가 같은 것은 어떤 것들이 있었니? 다른 것은 어떤 것이 있었니?
머메이드지와 트레싱지가 같은 것은 어떤 것들이 있었니? 다른 것은 어떤 것이 있었니? |

활동 내용 (위 내용 포함)

| 평 가 | 자유롭게 탐색활동을 통해 종이의 특성을 알아보는 것은 유아들이 즐겁게 활동에 참여하게 하는 기회가 되었다. 많은 양의 종이를 자유롭게 구기고, 찢고, 말아 보면서 각 종이의 특성을 탐색해 보았으며 그 결과를 벤다이어그램으로 기록하여 유아들이 명확한 개념을 형성하도록 하였다.
또한 유아들의 탐색활동 과정에서 사용된 종이들은 모아서 구성하기 활동의 재료로 사용하여 효과적이었다. |

10) 교육활동안 : 옛 발명품 구성하기 '종이' 3

활동명	종이 만들기	대상 연령	만 5세
		활동 영역	과학 · 조형

교육 목표	• 종이 만드는 과정에 즐겁게 참여한다. • 종이가 만들어지는 과정을 통해 물질의 변화를 관찰하고 과학적 개념을 형성한다. • 종이가 생성되는 과정을 이해하고 직접 경험해 본다.
활동 자료	닥나무, 체, 믹서, 절구, 가스레인지, 비전 용기, 볼

활동 내용	1. 종이가 만들어지는 방법에 대해 예측해 본다
	    교사 : 종이를 어떻게 만들 수 있을까?
	    유아 : 나무로 만들어요.
	    교사 : 나무로 어떻게 종이를 만들 수 있니?
	    유아 : 나무를 얇게 자르면 종이가 되요.
	    교사 : 아무 나무나 모두 종이가 될 수 있니?
	    유아 : 네. 나무는 모두 종이가 될 수 있어요.
	
	2. 관련 도서와 컴퓨터 자료를 통해 종이가 만들어지는 과정을 알아본다
	    교사 : 친구가 가지고 온 종이 만들기 관련 책을 보자.
	          종이는 어떻게 만들어지는 것이니?
	    유아 : 그냥 나무는 안 되고 닥나무라는 나무가 있어야 해요.
	          나무를 두드리기도 하고 끓이기도 해서 종이를 만들어요.
	    교사 : 이 책에 나온 방법처럼 우리가 직접 종이를 만들어 보자.
	
	3. 종이를 만들기 위한 재료들을 탐색해 본다
	    교사 : 이것이 무엇이니? 한번 살펴보자.
	    유아 : 닥나무요. 책에서 봤어요.
	
	4. 직접 종이를 만들어 본다
	    교사 : 닥나무가 부드럽게 될 수 있도록 어떻게 하면 되겠니?
	    유아 : 물에 담가 두어요. 그리고 껍질을 까서 물에 끓여요.
	          오래 끓이면 더 부드러워질 수 있어요.
	    교사 : 끓인 뒤에는 어떻게 할까?

유아 : 더 작아질 수 있도록 믹서에 갈
아요. 종이에는 실 같은 것이 많
이 보이지 않아요.

교사 : 믹서에 간 것은 어떻게 할까?

유아 : 체에 놓고 물을 빼서 말려요. 그
럼 종이가 되요.

5. 유아가 만든 종이를 관찰하고 실험결과를 공유한다

교사 : 너희들이 이야기한 방법으로 종이를 만들어 보았는데 어떻게 되었니?

유아 : 끓이지 않고 믹서에 갈지 않은 것은 종이가 되지 않았어요.
끓이고 믹서에 갈아서 만든 것은 멋진 종이가 되었어요.

6. 종이 만들기 과정을 순서표로 기록하고 종이를 만들어 본 느낌을 이야기한다

교사 : 너희들이 종이를 만드는 과정을 순서표로 만들어 보자.
종이를 직접 만들어 보았는데 어땠니?

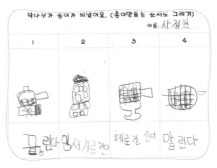

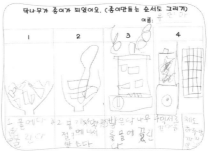

활동 내용

평 가

종이 만들기는 물질의 물리적 변화과정을 관찰할 수 있는 좋은 과학활동이 된
다. 특히 나무는 종이를 만들 수 있다는 사실을 직접 경험을 통해 알아보면서 유
아들의 사고의 폭이 넓어지는 것을 도울 수 있었다.

나무를 불리고, 끓이고, 믹서에 가는 많은 활동들을 통해 관찰 · 예측 · 실험하
는 과학적 탐구 태도를 형성할 수 있었다.

11) 교육활동안 : 옛 발명품 구성하기 '종이' 4

활동명	내가 만든 종이로 책 만들기	대상 연령	만 5세
		활동 영역	언어 · 조형

교육 목표	• 종이의 쓰임새를 이해한다. • 종이를 이용하여 만들어진 책의 구조와 원리에 대해 알아본다.

활동 자료	유아가 만든 종이, 필기구 

<table>
<tr>
<td rowspan="1">활동 내용</td>
<td>

1. 유아가 만든 다양한 종이를 감상해 본다

   교사 : 우리가 어떻게 종이를 만들 수 있었니?
   　　　어떤 종이들을 만들 수 있었니?
   유아 : 닥나무로도 종이를 만들고, 펄프로도 종이를 만들었어요.
   　　　스팽글이랑 털실도 넣어서 종이도 예쁘게 꾸미기도 했어요.
   　　　치자로 물을 들여서 노란색 종이도 만들었어요.

2. 유아가 만든 종이로 할 수 있는 일들을 생각해 보며 종이의 쓰임새를 이해한다

   교사 : 우리가 만든 종이로 할 수 있는 일은 무엇이 있을까?
   유아 : 그림을 그릴 수 있어요.
   　　　종이접기도 할 수 있어요.
   　　　책도 만들 수 있어요.
   　　　친구에게 편지를 쓸 수 있는 편지지로도 쓸 수 있어요.
   교사 : 종이가 없다면 어떻게 될까?
   유아 : 그림도 그릴 수 없고, 종이접기도 못해요.
   　　　책도 없어져서 재미있는 그림책도 볼 수 없어요.

3. 유아가 만든 종이를 이용하여 할 수 있는 것들 중에 책 만들기를 할 것이라고 소개한다

   교사 : 어떻게 책을 만들 수 있을까?
   　　　사람들은 종이로 어떻게 책을 만들 수 있었을까?

</td>
</tr>
</table>

	유아 : 종이를 붙여서 책을 만들어요. 그리고 안에 그림도 그리고 글도 적어 서 책을 만들 수 있어요. 책 앞에는 예쁘게 꾸며서 책을 만들어요. 교사 : 어떤 글과 그림을 그려서 책을 만들고 싶니? 유아 : 내가 좋아하는 그림이요. 저는 동물을 좋아하니까 동물 그림책을 만들 거예요. 우리가 만든 종이로 만드는 책이니까 우리가 종이를 만들던 모습을 책 으로 만들어도 재미있을 것 같아요.
활동 내용	4. 각자 만든 책을 소개하고 언어 영역 책꽂이에 전시한다 교사 : 친구들이 만든 책은 언어 영역에 전시해 두고 함께 읽어 보도록 하자. 직접 책을 만들어 보니 어땠니? 종이가 우리에게 주는 고마움을 알 수 있었니?  
평 가	유아들이 많은 시행착오를 거쳐서 직접 만든 종이를 이용하여 다른 활동을 경 험해 보는 것은 종이의 소중함을 느낄 수 있는 기회가 될 뿐 아니라 더 큰 성취 감을 느끼도록 하는 기회가 되었다. 특히 자신들이 만든 종이를 활용한 책 만들기 활동이어서 평소 책 만들기 활 동에 참여하지 않던 많은 유아들이 관심을 가지고 참여하였는데 언어능력 향상 에도 도움이 될 수 있었다.

12) 교육활동안 : 옛 발명품 구성하기 '해시계' 1

활동명	해시계는 어떻게 만들까?	대상 연령	만 5세
		활동 영역	이야기 나누기

교육 목표	• 옛 발명품인 양부일구의 특성을 탐색해 본다. • 양부일구 모형을 통해 해시계의 원리를 이해한다.

활동 자료	양부일구 모형, 관찰기록지

활동 내용	1. 양부일구 모형을 관찰해 본다 교사 : 이것이 무엇일까? 　　　이건 양부일구라는 것으로 장영실이라는 사람이 발명한 해시계야. 　　　어떻게 생겼니? 유아 : 시계 바늘도 없고 이상해요. 이걸로 어떻게 시간을 알 수 있어요? 　　　숫자도 없는데 어떻게 한 시간, 두 시간인지 알았지? 　　　누가 보고 얘기해 주는 걸까요? 2. 양부일구를 이용하여 어떻게 시간을 측정할 수 있었을지 예측해 본다 교사 : 이걸로 어떻게 시간을 알 수 있었을까? 유아 : 여기에 이상한 바늘 같은 것이 있는데 이걸로 시간을 알았던 거 아니에요? 　　　해시계는 책에서 보니까 그림자로 아는 거라던데. 여기에 그림자가 생겼다가 계속 변해서 시간을 알려 주어요. 교사 : 그림자가 변하는 것은 어떻게 알 수 있을까? 유아 : 우리가 직접 실험해 봐요. 그림자를 만들어서 조금 있다 보고, 나중에 또 보고 하면 되잖아요. 3. 앞마당에서 그림자의 변화를 관찰해 보는 시간을 가진다 교사 : 그림자를 어떻게 만들 수 있을까? 유아 : 땅에다가 막대기를 세워요. 그럼 그림자가 생겨요. 교사 : 그럼 언제 그림자가 변하는 것을 볼 수 있을까?

	유아 : 앞마당 놀이 시작할 때 그림자의 모습을 그려 놓고 정리하는 시간에 다시 그림자를 관찰해 보아요.
	교사 : 그림자가 어떻게 되었니?
	유아 : 정말 달라졌어요. 우리가 놀이를 하는 동안 그림자가 이만큼 움직였어요.
활동 내용	
	4. 활동이 끝난 뒤 우리가 알게 된 것에 대해 이야기 나누고 해시계 만들기 활동을 계획해 본다
	교사 : 양부일구랑 그림자를 관찰해 보았는데 어땠니?
	유아 : 그림자가 움직여서 해시계를 만들 수 있을 것 같아요.
	교사 : 해시계를 어떻게 만들어 볼 수 있을까?
	유아 : 그림자가 움직이는 것을 보고 한 시간, 두 시간 해서 만들어요.
	교사 : 그럼 다음 시간에 너희들이 이야기한 것처럼 해시계를 만들어 보자.
평 가	유아들이 쉽게 접하기 어려운 양부일구를 모형을 통해 옛 발명품을 직접 경험해 보는 시간을 가졌다. 교사가 해시계의 원리에 대해 직접적으로 알려 주는 대신 양부일구를 관찰하고 예측하는 과정을 거쳐 해시계의 원리를 알 수 있어 의미 있는 과정이 되었다. 유아들이 자신들이 계획하고 다음의 해시계 만들기 과정까지 연결하여 더욱 관심과 흥미가 높았다.

13) 교육활동안 : 옛 발명품 구성하기 '해시계' 2

활동명	해시계 만들기	대상 연령	만 5세
		활동 영역	과학 · 조형
교육 목표	해시계의 원리를 이해하고 직접 구성해 본다.		
활동 자료	해시계를 구성할 재료(우드락 판, 나무막대, 아크릴 반구)  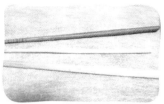		
활동 내용	1. 실험을 통해 알아보았던 해시계의 원리에 대해 다시 이야기 나누어 본다 　교사 : 해로 어떻게 시간을 알 수 있었지? 　유아 : 해의 그림자가 점점 달라지면서 시간이 달라진 것을 알 수 있었어요. 　　　 그림자가 변한 만큼 시간도 변한 거예요. 그림자가 조금 변하면 시간 　　　 도 조금 변하고 그림자가 많이 변하면 시간도 많이 변하는 것 같아요. 2. 준비한 재료를 이용하여 해시계를 구성해 본다 　교사 : 어떻게 해시계를 만들어 볼 수 있을까? 　유아 : 그림자가 생길 수 있게 막대를 세워야 해요. 　　　 그리고 그림자를 그려서 시간을 표시할 수 있게 바닥에 쓸 수 있는 종 　　　 이가 있었으면 좋겠어요. 　　　 친구들이나 동생들이 우리 해시계라는 것을 알 수 있게 이름도 써 주 　　　 고 뚜껑도 덮어 주어요. 　교사 : 너희들이 이야기한 방법으로 해시계를 만들어 보자. 　　　 더 필요한 재료는 없니? 3. 유아들이 만든 해시계의 시간을 표시하는 방 　 법에 대해 이야기를 나눈다  　교사 : 우리가 해시계를 만들었는데 시간은 어 　　　 떻게 표시할 수 있을까? 　　　 그럼 해시계의 시간은 어떻게 표시할 　　　 수 있을까?		

	유아 : 그냥 한 시간, 두 시간이라고 해요. 우리 마음대로.
	그럼 사람들이 시간을 잘 알 수가 없잖아.
	그런데 옛날 시계에도 숫자가 없어요.
	글자가 없었으니까…. 한자로 표시했어요.
	그때 사람들의 표시로 시간을 정했어요.
	우리 해시계에도 우리 표시로 시간을 정해요.
	나는 동물 시간이었으면 좋겠어요.
	교사 : 그럼 그 시간이 얼마큼인지는 어떻게 정할 수 있니?
	유아 : 우리가 유치원에 있는 시간을 나누어요.
	우리 팀 친구들이 다섯 명이니까 다섯으로 나누어요.

활동 내용

4. 유아들이 직접 만든 해시계를 감상하고 느낀 점을 이야기한다

　　교사 : 해시계를 만들어 보았는데 어땠니?

　　　　 이 시계는 어디에 전시해 두면 좋겠니?

　　유아 : 우리 교실에서 햇빛이 가장 잘 드는 곳에 두어요.

　　　　 그래야 시계가 고장나지 않아요.

평 가

해시계는 해의 변화와 시간의 변화를 연결하여 시간의 개념을 이해하도록 하는 매체가 되었다. 유아들과 직접 해의 변화를 그림자를 통해 측정하고 시간의 흐름과 연결하여 시계를 만들어 기록하면서 시간의 흐름을 좀 더 깊이 있게 느껴 보는 기회가 되었다. 또한 자신들이 정한 기호로 시간의 이름을 정하면서 더욱 친숙하게 시간을 느끼고 표현할 수 있었다.

14) 교육활동안 : 옛 발명품 구성하기 '물시계' 1

활동명	물시계 만들기	대상 연령	만 5세
		활동 영역	과학

교육 목표	• 물시계가 만들어진 과학적 원리에 관심을 가진다. • 물이 양의 시간의 양의 관계를 이해한다.

활동 자료	여러 가지 다양한 페트병(크기와 위치 다양하게 구멍 뚫어 두기)

활동 내용	1. 물시계의 원리에 대해 예측해 본다 교사 : 물시계는 어떻게 만들어진 것일까? 유아 : 물이 시계에 떨어지면 저절로 시간을 알려 주는 것 아니에요? 교사 : 여기 물시계의 사진이 있단다. 어떻게 생겼는지 관찰해 볼까? 유아 : 시계같은 건 없는데. 숫자도 없고 바늘도 없어요. 　　　물이 여기 통에 모이면 얼만큼 모였는지 보고 시간을 알려 줘요. 　　　물통에다가 한 시간, 두 시간 써요. 　　　그럼 시간을 알려줄 수 있을 것 같아요. 2. 다양한 페트병을 이용하여 물을 탐색해 본다 교사 : 물시계의 물은 어떻게 모을 수 있을까? 　　　물통을 위에 두면 물을 모을 수 있을까? 유아 : 아니요, 물을 항상 아래로 가니까 물통을 아래에 두어야 해요. 　　　물을 위에 두고 모으는 통은 아래에 두고…. 　　　우리가 보았던 자격루도 그렇게 되어 있었어요. 3. 물의 양과 시간의 양의 관계를 이해하고 물시계를 계획해 본다 교사 : 우리가 알아본 것들로 어떻게 물시계를 만들어야 하는지 생각해 보자. 　　　물을 얼마큼 모아서 물시계를 만들어야 할까? 유아 : 그냥 이만큼은 한 시간, 이만큼은 두 시간. 　　　그런데 이상하다…. 한 시간은 이렇게 짧지 않은데? 　　　그런데 우리가 유치원에서 놀이하는 시간이 세 시간인데. 　　　너무 짧아요, 한 시간동안 물이 떨어지려면 많이 있어야겠어요.

아니면 물이 천천히 떨어지던가….

물통이 크면 좋겠어요.

물통이 너무 크면 시계가 커지잖아.

그럼 물이 떨어지는 구멍을 작게 해요.

그럼 조금씩 떨어져서 물이 조금만 있어도 긴 시간을 잴 수 있을 것 같아요.

활동 내용

4. 물시계를 만들어 본다

교사 : 페트병에 구멍을 뚫어 물이 떨어지도록 해서 물시계를 만들었구나.
그런데 시간은 어떻게 표시하지?

유아 : 그때는 한 시간, 두 시간이 없었으니까 우리도 우리가 하고 싶은 걸로 시간을 정해요.
바다에 사는 동물들 시간을 만들어요.

5. 활동이 끝난 뒤 느낀 점을 이야기한다

교사 : 물시계를 어떻게 만들어 볼 수 있었니?
물시계를 만들어 보았는데 어땠니?

평 가

예측하기, 관찰하기, 실험하기, 측정하기 등의 과정을 거쳐야 하는 물시계 구성하기 활동은 유아들에게 과학적 사고능력과 탐구태도를 기르는 기회가 되었다. 또한 이렇게 구성된 물시계는 교실에 항시 비치되어 유아들이 물시계를 통해 또 다른 방법으로 시간을 측정할 수 있도록 하여 성취감을 높일 수 있었다.

15) 교육활동안 : 발명품과 우리의 관계 이해하기 1

활동명	시간의 양을 경험해 보아요	대상 연령	만 5세
		활동 영역	과학

교육 목표	• 시간의 의미를 이해한다. • 시간의 양을 측정할 수 있다. • 정해진 시간 동안 할 수 있는 일들을 계획하고 실천할 수 있다.

활동 자료	스톱워치, 활동기록지, 필기도구

활동 내용	1. 시간의 흐름에 대한 생각을 이야기 나누어 본다 교사 : 한 시간은 얼마큼을 이야기하는 걸까? 　　　그럼 5분은 얼마큼을 이야기하는 걸까? 유아 : (팔을 벌리며) 이만큼이요. 교사 : 그 만큼이 어느 정도인데? 유아 : 시간은 눈에 안보이니까 말하기가 힘들어요. 2. 우리가 알고 있는 시간의 길이를 표현해 본다 교사 : 그럼 너희들이 시간이 길어요, 짧아요 하는 건 어떨 때 이야기하는 거니? 　　　시간의 길이는 어떻게 표현할 수 있을까? 　　　5분 동안의 시간은 어떻다고 이야기할 수 있니? 유아 : 시간이 눈에 보이지 않으니까 '5분이 이만큼이에요.' 라고 이야기 　　　하지 못해요. 대신 5분 동안 할 수 있는 일들을 이야기해요. 　　　우리가 자유선택활동 시간이라고 하면 언제부터 언제까지의 시간인지 　　　아는 것처럼요. 　　　나는 5분을 세수하는 시간이라고 할래요. 　　　나는 양치하는 시간을 3분이라고 할 수 있어요. 3. '시간의 양을 경험해 보아요' 실험활동을 소개하고 실제 경험한다 교사 : 너희들이 시간의 양을 그 시간 동안 할 수 있는 일들로 알 수 있다고 　　　했지? 그럼 5분이라는 시간의 양이 얼마큼인지 알아보자. 　　　5분 동안 할 수 있는 일들을 생각해 보고 계획을 해 보렴.

	그리고 5분 동안 직접 그 일들을 해 보는 거야. 5분의 시간 동안 우리가 무엇을 할 수 있는지 직접 해보고 5분이 어느 정도의 길이인지 알아보자. 너희들이 계획했던 것과 직접 해보았던 것이 어떻게 다른지 기록지에 적어 보자.  4. 실험의 결과를 함께 나누고 시간의 양에 대해 생각하게 된 것을 이야기한다 　교사 : 자! 5분 동안의 시간의 양을 경험해 보았는데 어땠니? 　　　　너희들이 처음 생각했던 것과 같았니? 달랐니? 　　　　달랐다면 어떤 것들이 달랐니? 　　　　5분이라는 시간의 길이를 어떻게 표현해 볼 수 있겠니? 　유아 : 나는 책 읽는 시간…. 한 권의 책을 읽기에 좋았어요. 　　　　5분이라고 하면 나는 책을 읽을 수 있는 시간을 생각할 거예요. 　　　　처음에는 5분 동안 세수를 할 수 있을 것 같았는데 더 오래 걸렸어요. 　　　　내가 생각했던 것 보다는 짧은 시간인 것 같아요.

활동 내용 *(좌측 레이블)*

평 가	눈에 보이지 않는 시간을 유아들이 직접 경험해 보고 표현해 보도록 하는 것은 시간의 개념에 대해 좀 더 깊이 있게 느껴 보도록 하는 기회가 되었다. 또한 객관적 도구인 시계를 이용한 측정뿐 아니라 우리가 실생활에서 하고 있는 다양한 일들을 통해 시간의 양을 경험해 보는 것은 유아들이 시간을 가늠하고 스스로의 생활을 계획해 보고자 할 때 도움이 될 수 있었다.

16) 교육활동안 : 발명품과 우리의 관계 이해하기 2

활동명	내가 만드는 시계	대상 연령	만 5세
		활동 영역	조형

교육 목표	• 시간의 의미에 관심을 가진다. • 나의 생각을 창의적으로 표현한다.

활동 자료	아연판, 가위, 여러 가지 색깔의 동선, 종이, 매직과 네임펜

활동 내용	1. 시간의 의미에 대해 생각해 본다 교사 : 시간이 무엇일까? 유아 : 한 시간, 두 시간이요. 이게 시간이에요. 교사 : 시간은 눈에 보이니? 눈에 보이게 하는 방법은 없을까? 유아 : 시간은 눈에 보이지 않아요, 그런데 어떻게 눈에 보이게 해요? 교사 : 그럼 눈에 보이지 않는데 한 시간, 두 시간은 어떻게 아니? 유아 : 그건 시계가 있으니까요. 시계처럼 만들면 시간도 눈에 보일 수 있겠어요. 교사 : 너희들이 마음대로 시간을 쓸 수 있다면 어떤 것들로 시간을 보내고 싶니? 유아 : 텔레비전 보기, 놀기, 잠자기…. 　　　우리 엄마가 놀기만 하면 바보가 된다고 했으니까 나는 공부도 할 거예요. 2. 아연판과 동선 등의 재료와 활동방법을 소개한다 교사 : 선생님과 너희들이 시간을 어떻게 보내고 싶은지 이야기했었지? 　　　여기 있는 재료들로 이제 마음대로 시계를 만들어 볼 거야. 　　　아연판으로 시계 모양을 만들고 그 안에 한 시간, 두 시간이 아닌 너희들이 하고 싶은 일들이 가득한 시계를 만들어 보렴. 3. 우리들이 가지고 싶은 시간 구성하기 활동을 전개한다 교사 : ○○는 어떤 일들을 하며 시간을 보내고 싶니? 　　　어떻게 그 시간을 그림으로 표현할 수 있겠니? 　　　(아연판과 동선을 자르는 것은 교사의 도움이 필요하다)

활동 내용	4. 유아들이 만든 사진기를 소개하고 공유하는 시간을 가진다 교사 : 친구들에게 네가 만든 시계를 소개해 보자. 　　　　○○는 이런 일들을 하며 시간을 보내고 싶어 하는구나. 　　　　너희들이 구성한 것과 어떤 것이 다르니? 　　　　왜 이렇게 다른 시계들이 만들어 졌을까?   5. 활동이 끝난 뒤 느낀 점에 대해 이야기한다 교사 : 너희들이 가지고 싶은 시간을 표현해 보았는데 어땠니? 유아 : 정말 이런 시계가 있었으면 좋겠어요. 　　　　내가 하고 싶은 일들만 하면서 시간을 보내면 하루종일 기분이 너무 　　　　좋을 것 같아요. 교사 : 너희들이 만든 시계는 과학 영역에 전시하여 둘 테니 친구들은 어떤 　　　　시간을 만들었는지 보도록 하자.
평 가	시간은 매우 추상적인 개념으로 유아들에게 가시화하기가 어렵다. 하지만 시계와 생활계획표를 접목하여 시간을 눈에 보이도록 표현해 보았으며 특히 유아들이 하고 싶은 일들로 시간을 계획하면서 시간을 분배하고 원하는 일들로 시간을 계획하는 것을 익힐 수도 있었다. 　유아들이 구성한 시계에는 놀기, 텔레비전 보기, 잠자기, 유치원 가기 등의 시간이 표시되었으며 이러한 유아들의 표상을 통해 유아들이 가장 하고 싶은 일들이 무엇인지도 이해해 볼 수 있는 기회가 되었다.

17) 교육활동안 : 발명품과 우리의 관계 이해하기 3

활동명	옛 발명품은 우리에게 소중해요	대상 연령	만 5세
		활동 영역	이야기 나누기
교육 목표	• 옛 발명품의 가치를 이해한다. • 옛 발명품을 아끼고 소중히 하는 태도를 기른다.		
활동 자료	우리가 알고 있는 발명품, 발명가의 사진 자료 		
활동 내용	1. 발명과 발명품의 의미에 대해 생각해 본다 　교사 : 발명이 무엇이니? 　유아 : 우리가 죽고 다음에 편하게 살 수 있도록, 그리고 우리도 편하게 살게 　　　　해 주는 거요. 　　　　우리가 태어나기 전에도 발명을 했는데 그래서 지금 편하게 살 수 있 　　　　어요. 　　　　사람들이 시계가 있어서 시간을 아는 것처럼요. 　교사 : 발명가는 어떤 사람이니? 　유아 : 사람들이 힘들게 살지 않도록 도와주는 사람이에요. 　　　　열심히 생각하고 발명품을 만들어서 사람들이 편리하게 살 수 있도록 　　　　해 주어요. 2. 발명의 과정과 발명가가 없었다면 우리의 생활이 어떻게 바뀌었을지 생각해 　보고 이야기 나눈다 　교사 : 발명과 발명가가 없었다면 어떻게 되었을까? 　유아 : 종이도 없고. 시계도 없고…. 　　　　엉망진창이 되었을 것 같아요. 3. 발명과 발명가의 소중함을 알고 우리도 미래의 발명가가 될 수 있음을 생각 　해 본다 　교사 : 아무도 발명을 하지 않고 발명가도 되지 않으면 어떻게 될 것 같니? 　유아 : 앞으로 발명품이 없어지면 사람들이 힘들어도 그냥 살아야 해요. 　　　　발명가가 되어 조금이라도 편하게 해 주면 좋을 것 같은데….		

활동 내용	교사 : 그럼 누가 발명을 하는 발명가가 될 수 있니? 　　　우리가 알고 있는 옛 발명가들은 모두 지금 없는데 그럼 누가 발명을 　　　하니? 유아 : 지금도 끊임없이 발명을 하려고 하는 사람들이 있어요. 　　　그리고 우리도 발명가가 될 수 있어요. 　　　우리가 어른이 되어서 발명가가 되어요. 　　　나는 발명하고 싶은 것이 정말 많아요. 4. 활동이 끝난 뒤 느낀 점에 대해 이야기한다 교사 : 발명과 발명가가 우리에게 주는 도움이 대해 알 수 있었니? 　　　우리도 미래의 발명가가 될 수 있다고 했는데 어떻게 생각하니? 　　　우리가 미래의 발명가가 되기 위해서는 어떻게 해야 할까? 유아 : 많이 생각해야 해요. 　　　그리고 조금 어려워도 그만두면 안 되요. 　　　발명가들은 원래 틀리고 실패해도 계속 계속 발명을 하려고 하는 거예요. 　　　나는 그렇게 생각을 잘 하는 발명가가 되고 싶어요.
평 가	발명과 발명가의 의미에 대해 알아보고 우리에게 주는 도움에 대해 유아들과 이야기를 나누어 보는 것은 구체적인 발명품이 우리의 생활에 미치는 영향뿐 아니라 발명의 가치와 의미가 매우 중요한 것임을 알게 하는 기회가 되었다. 또한 새로운 것을 생각하고자 하고, 시행착오를 거치면서 결과물을 만들어 내는 발명가의 소양을 유아들이 기를 수 있도록 하였다.

18) 교육활동안 : 발명품과 우리의 관계 이해하기 4

활동명	나만의 발명품 만들기	대상 연령	만 5세
		활동 영역	과학 · 조형

교육 목표	• 발명품의 의미를 알고 나의 편리한 생활을 위한 발명품을 계획해 본다. • 다양한 재료를 이용하여 발명품을 구성해 보고 창의적 표현력을 기른다.

활동 자료	나만의 발명품 설계도를 그릴 활동지, 필기도구, 여러 가지 재활용품

활동 내용	1. 여러 가지 발명품이 만들어진 이유에 대해 생각해 본다 교사 : 발명품이 만들어진 이유가 무엇이니? 유아 : 사람들이 편리하게 살아가라고요. 교사 : 누가 어떻게 만들었니? 유아 : 발명가들이 사람들이 편하게 살 수 있도록 발명해 주었어요. 2. 우리들도 미래의 발명가가 될 수 있음을 이야기해 본다 교사 : 우리들도 미래의 발명가가 될 수 있을까? 유아 : 옛날 사람들은 많은 발명품들을 만들었어요. 한지, 해시계, 물시계, 측우기, 거북선, 기와, 짚신, 거중기…. 힘들지 않고 편하게 살기 위해서 발명품은 만들어져요. 많은 생각을 하고 열심히 노력해서 발명품을 만들어요. 그런 사람을 우리는 발명가라고 해요. 발명가가 없었으면 발명품도 없었을 거예요. 힘들면 그걸 해결하기 위해 조금 더 생각하는 사람, 그런 사람이 발명가예요. 우리는 그런 발명가가 될 수 있어요. 3. 나만의 발명품을 위한 설계도를 그린다 교사 : 미래에는 꼭 있었으면 좋겠다고 생각되는 발명품을 계획해 보자. 크기, 색, 모양 등을 설계도로 표현해 보자.

<table>
<tr>
<td rowspan="3">활동 내용</td>
<td>

4. 내가 계획한 발명품을 만들기 위한 여러 가지 재료들을 수집한다

　교사 : 나의 발명품을 만들기 위한 재료를 준비해 보자.

　　　　유치원에서 구할 수 있는 것과 그렇지 않은 것을 생각해 보고 유치원
　　　　에 없는 것은 집에서 준비해 보자.

5. 준비된 재료와 설계도에 따라 미래의 발명품을 구성한다

　교사 : 어떤 발명품을 만들었니?

　　　　어떤 재료를 이용하여 만들어 보았니?

　　　　바꾸어 보고 싶은 부분은 없니?

6. 미래의 발명품을 구성해 본 경험에 대해 이야기를 하고 발명품은 교실에 전
시하여 공유하는 시간을 가진다

　교사 : 발명품을 어떻게 만들어 볼 수 있었니?

　　　　미래의 발명품을 만들어 보았는데 어땠니?

</td>
</tr>
</table>

평 가	발명품을 직접 계획하고 제작해 보는 과정은 유아들에게 지금의 생활에서 불편한 부분을 해결하기 위한 해결방법을 찾도록 하여 사고의 폭을 넓힐 수 있다. 또한 자신들이 계획한 것을 다양한 재료를 이용하여 구성해 봄으로써 창의적으로 표현하는 능력을 기른다. 작은 부분도 새롭게 생각해 보고 해결하려고 노력하는 태도는 유아들에게 미래를 살아가는 큰 힘이 될 수 있을 것이다.

19) 교육활동안 : 발명품과 우리의 관계 이해하기 5

활동명	깊은바다반 발명품 전시회 '깊은바다반 장영실상' 만들기	대상 연령	만 5세
		활동 영역	이야기 나누기 · 조형

교육 목표	• 발명품 전시회를 스스로 계획하고 준비하여 실천해 본다. • 장영실상의 의미를 알고 직접 수상해 보는 경험을 가진다.

활동 자료	노벨상 수상식 장면 사진, 우리들이 만든 발명품

활동 내용	1. 장영실상의 의미에 대해 생각해 본다
	    교사 : 우리나라에는 장영실상이 있단다. 어떤 상일 것 같니?
	    유아 : 발명이요. 장영실은 옛날 발명가잖아요. 발명가한테 주는 상인가?
	         다른 나라에는 노벨상이 있어요.
	         비슷할 것 같아요.
	
	 2. 장영실상의 의미를 이해하고 깊은바다반의 장영실상을 계획한다
	    교사 : 그래, 멋진 발명을 해서 사람들이 편리하게 생활할 수 있도록 도와주는 사람에게 주는 상이 장영실상이란다.
	         그런 장영실상을 우리 반에서도 줄 수 있을까?
	         어떤 친구들에게 장영실상을 줄 수 있을까?
	    유아 : 장영실상은 포기하지 않고 끝까지 노력하면 주는 거예요.
	         발명품을 잘 만든 것도 중요하지만 생각을 많이 해야 받을 수 있어요.
	         생각도 잘 하려고 하고, 발명품을 만들어서 친구들을 도와주려는 사람에게 주어야 해요.
	
	 3. 장영실상 시상식을 위해 필요한 것들을 이야기 나누고 준비한다
	    교사 : 친구들에게 주기로 한 장영실상을 시상하기 위해서는 어떤 것들이 필요할까?
	    유아 : 상을 받을 때는 상장이나 메달이 있어야 해요.
	         메달을 만들어요. 그럼 좋을 것 같아요.

활동 내용	교사 : 장영실상 메달은 어떻게 만들 수 있을까? 　　　무엇으로 만들 수 있을까? 어떤 모양이었으면 좋겠니? 어떤 그림을 그려서 꾸며 줄까? 　　　지점토를 이용하여 장영실의 메달을 만들어 보자. 유아 : 둥근 모양이어서 메달 같은데, 메달은 금색이 좋을 거예요. 　　　금색으로 색칠해요. 4. 활동이 끝난 뒤 느낀 점을 이야기한다 교사 : 장영실상은 어떤 사람들에게 주는 상이었니? 　　　깊은바다반 친구들이 주기로 한 장영실상은 어떤 친구들에게 주기로 한 상이었니? 　　　장영실상을 생각해 보고 메달도 준비해 보았는데 어땠니?
평 가	발명품을 제작하면서 유아들의 적극적인 참여와 구성하기 과정을 격려하기 위해 전시회와 함께 시상식을 계획하였다. 유아들은 자신들도 상을 받을 수 있다는 기대에 발명품 만들기 활동에 더욱 더 즐겁게 참여하였다. 뿐만 아니라 장영실상과 같은 과학자에게 주는 상들의 의미에 대해 이해하고 과학이 우리의 삶에 주는 중요성과 의미를 알 수 있었다.

참고문헌

강영옥(2005). 과학사적 접근에 의한 유아과학교육 프로그램의 개발 및 적용효과 : 한국전통생활과학을 중심으로. 동덕여자대학교 박사학위논문.

과학문화연구센터(2005). 과학 속의 문화, 문화 속의 과학.

김은호(2004). 겨레과학의 발자취 : 유물로 보는 전통과학기술. 정음사.

김현희(2000). 한국전통생활과학의 유아과학교육적 적용 : 구성주의 관점. 동덕여자대학교 석사학위논문.

백혜옥(2005). 민속자료를 활용한 초등과학 교수ㆍ학습지도 방법의 개발. 광주교육대학교 석사학위논문.

연구진

최석란
University of Illinois at Urbana-Champaign, 유아교육전공(철학박사)
서울여자대학교 인간개발학부 아동학 전공 교수
서울여자대학교 부속유치원 원장

이현옥
서울여자대학교 대학원 유아교육전공(박사수료)
서울여자대학교 부속유치원 원감
서울여자대학교 아동학과 강사

손지현
서울여자대학교 부속유치원 주임교사

손여민
서울여자대학교 부속유치원 교사

정은주
서울여자대학교 부속유치원 교사

남상지
서울여자대학교 부속유치원 교사

김소리
서울여자대학교 부속유치원 교사

교육활동 프로그램 ⓞⓘ

미래를 여는 옛 발명품

2008년 8월 16일 초판 인쇄
2008년 8월 20일 초판 발행

지은이 서울여자대학교 부속유치원
펴낸이 류제동
펴낸곳 (주)교 문 사

책임편집 김수진
본문디자인 아트미디어
표지디자인 반미현
제작 김선형
영업 김재광 · 정용섭 · 송기윤

출력 아트미디어
인쇄 동화인쇄
제본 대영제책사

우편번호 413-756
주소 경기도 파주시 교하읍 문발리 출판문화정보산업단지 536-2
전화 031-955-6111(代)
FAX 031-955-0955
등록 1960. 10. 28. 제406-2006-000035호

홈페이지 www.kyomunsa.co.kr
E-mail webmaster@kyomunsa.co.kr
ISBN 978-89-363-0931-2 (93370)
ISBN 978-89-363-0930-5 (93370) (전 5권)

값 12,000원